1+X 职业技能鉴定考核指导手册

汽车维修工

（第2版）

五级

编审委员会

主　　任　张　岚　黄卫来

委　　员　顾卫东　葛恒双　孙兴旺

　　　　　葛　玮　李　晔　刘汉成

执行委员　李　晔　瞿伟洁　夏　莹

中国劳动社会保障出版社

图书在版编目(CIP)数据

汽车维修工：五级/人力资源和社会保障部教材办公室等组织编写. —2 版. —北京：中国劳动社会保障出版社，2017

1＋X 职业技能鉴定考核指导手册

ISBN 978-7-5167-2979-3

Ⅰ.①汽… Ⅱ.①人… Ⅲ.①汽车-车辆修理-职业技能-鉴定-自学参考资料 Ⅳ.①U472.4

中国版本图书馆 CIP 数据核字(2017)第 080008 号

中国劳动社会保障出版社出版发行

(北京市惠新东街 1 号 邮政编码：100029)

*

三河市华骏印务包装有限公司印刷装订 新华书店经销

787 毫米×960 毫米 16 开本 8.75 印张 147 千字

2017 年 4 月第 2 版 2018 年 7 月第 2 次印刷

定价：21.00 元

读者服务部电话：(010) 64929211/64921644/84626437

营销部电话：(010) 64961894

出版社网址：http://www.class.com.cn

前　言

职业资格证书制度的推行，对广大劳动者系统地学习相关职业的知识和技能，提高就业能力、工作能力和职业转换能力有着重要的作用和意义，也为企业合理用工以及劳动者自主择业提供了依据。

随着我国科技进步、产业结构调整以及市场经济的不断发展，特别是加入世界贸易组织以后，各种新兴职业不断涌现，传统职业的知识和技术也愈来愈多地融进当代新知识、新技术、新工艺的内容。为适应新形势的发展，优化劳动力素质，上海市人力资源和社会保障局在提升职业标准、完善技能鉴定方面做了积极的探索和尝试，推出了1+X培训鉴定模式。1+X中的1代表国家职业标准，X是为适应经济发展的需要，对职业的部分知识和技能要求进行的扩充和更新。

上海市1+X的培训鉴定模式，得到了国家人力资源和社会保障部的肯定。为配合1+X培训与鉴定考核的需要，使广大职业培训鉴定领域专家以及参加职业培训鉴定的考生对考核内容和具体考核要求有一个全面的了解，人力资源和社会保障部教材办公室、中国就业培训技术指导中心上海分中心、上海市职业技能鉴定中心联合组织有关方面的专家、技术人员共同编写了《1+X职业技能鉴定考核指导手册》。该手册由“理论知识复习题”“操作技能复习题”和“理论知识模拟试卷及操作技能考核模拟试卷”两大块内容组成，书中介绍了题库的命题依据、试卷结构和题型题量，同时从上海市1+X鉴定题库中抽取部分操作技能试题和模拟样卷供考生参考和练习，便于考生能够有针对性地进行考前复习准备。今后我们会随着国家职业标准以及鉴定题库的提升，逐步对手册内容进行补充和完善。

本系列手册在编写过程中，得到了有关专家和技术人员的大力支持，在此一并表示感谢。

由于时间仓促，缺乏经验，如有不足之处，恳请各使用单位和个人提出宝贵意见和建议。

1+X职业技能鉴定考核指导手册

编审委员会

改版说明

1+X职业技能鉴定考核指导手册《汽车维修工（五级）》自2010年出版以来深受从业人员的欢迎，在汽车维修工（五级）职业资格鉴定、职业技能培训和岗位培训中发挥了很大的作用。

随着我国科技进步、产业结构调整、市场经济的不断发展，新的国家和行业标准的相继颁布和实施，对汽车维修工（五级）的职业技能提出了新的要求。2016年上海市职业技能鉴定中心组织有关方面的专家和技术人员，对汽车维修工（五级）的鉴定考核题库进行了提升并已公布使用，并按照新的汽车维修工（五级）职业技能鉴定考核题库对指导手册进行了改版，以便更好地为参加培训鉴定的学员和广大从业人员服务。

目 录

CONTENTS 1+X职业技能鉴定考核指导手册

汽车维修工职业简介

一、职业名称

汽车维修工。

二、职业定义

使用工具、夹具、量具、仪器、仪表及检修设备进行汽车的维护、修理和调试的人员。

三、主要工作内容

从事的工作主要包括：

（1）汽车的使用与检查；（2）汽车的一级维护；（3）汽车的拆装；（4）整车二级维护；（5）发动机检修；（6）汽车底盘检修；（7）汽车大修与竣工验收；（8）电控系统故障诊断与排除；（9）汽车手动空调系统故障诊断与排除。

第1部分

汽车维修工（五级）鉴定方案

一、鉴定方式

汽车维修工（五级）的鉴定方式分为理论知识考试和操作技能考核。理论知识考试采用闭卷计算机机考方式，操作技能考核采用现场实际操作方式。理论知识考试和操作技能考核均实行百分制，成绩皆达60分及以上者为合格。理论知识或操作技能不及格者可按规定分别补考。

二、理论知识考试方案（考试时间90 min）

题型	考试方式	鉴定题量	分值（分/题）	配分（分）
判断题	闭卷机考	60	0.5	30
单项选择题		70	1	70
小计	—	130	—	100

三、操作技能考核方案

考核项目表

<table>
<tr><td colspan="2">职业（工种）</td><td colspan="2">汽车维修工</td><td rowspan="2">等级</td><td colspan="3" rowspan="2">五级</td></tr>
<tr><td colspan="2">职业代码</td><td colspan="2"></td></tr>
<tr><td>序号</td><td>项目名称</td><td>单元编号</td><td>单元内容</td><td>考核方式</td><td>选考方法</td><td>考核时间（min）</td><td>配分（分）</td></tr>
<tr><td rowspan="2">1</td><td rowspan="2">汽车使用与检查</td><td>1</td><td>测量操作</td><td rowspan="2">操作</td><td rowspan="2">抽一</td><td rowspan="2">15</td><td rowspan="2">25</td></tr>
<tr><td>2</td><td>汽车使用与检查</td></tr>
<tr><td rowspan="2">2</td><td rowspan="2">汽车一级维护</td><td>1</td><td>发动机一级维护</td><td rowspan="2">操作</td><td rowspan="2">抽一</td><td rowspan="2">15</td><td rowspan="2">25</td></tr>
<tr><td>2</td><td>底盘一级维护</td></tr>
<tr><td rowspan="2">3</td><td rowspan="2">汽车拆装</td><td>1</td><td>发动机拆装</td><td>操作</td><td>必考</td><td>15</td><td>25</td></tr>
<tr><td>2</td><td>底盘拆装</td><td>操作</td><td>必考</td><td>15</td><td>25</td></tr>
<tr><td colspan="6">合计</td><td>60</td><td>100</td></tr>
<tr><td>备注</td><td colspan="7"></td></tr>
</table>

第2部分

鉴定要素细目表

理论知识鉴定要素细目表

职业/模块名称					汽车维修工	等级	五级
职业代码							
序号	鉴定点代码				鉴定点内容		备注
	章	节	目	点			
	1				基本要求		
	1	1			职业道德		
	1	1	1		职业道德基本知识		
1	1	1	1	1	服务理念		
2	1	1	1	2	汽车维修工的职责		
3	1	1	1	3	职业理想		
4	1	1	1	4	职业修养		
5	1	1	1	5	职业素质		
	1	1	2		优质服务		
6	1	1	2	1	接待的要求		
7	1	1	2	2	保持工作场地的清洁		
8	1	1	2	3	安全驾驶		
9	1	1	2	4	防火		
10	1	1	2	5	防护用具的穿戴		
11	1	1	2	6	维修标准		
	1	2			基本知识		
	1	2	1		钳工基本知识		

续表

职业/模块名称					汽车维修工	等级	五级
职业代码							
序号	鉴定点代码				鉴定点内容	备注	
	章	节	目	点			
12	1	2	1	1	螺纹孔的修理方法		
13	1	2	1	2	钳工锉的使用方法		
14	1	2	1	3	磁性表座的使用方法		
15	1	2	1	4	百分表的规格		
16	1	2	1	5	台虎钳的规格和用途		
17	1	2	1	6	锉刀的选用		
18	1	2	1	7	锯条的选用		
19	1	2	1	8	砂轮机的使用方法		
20	1	2	1	9	台钻的使用方法		
21	1	2	1	10	刮刀的使用		
22	1	2	1	11	锤子的使用		
23	1	2	1	12	钳子的使用		
24	1	2	1	13	扳手的使用		
25	1	2	1	14	风动工具		
26	1	2	1	15	冲头的使用		
27	1	2	1	16	游标卡尺的用途		
28	1	2	1	17	游标卡尺的使用方法		
29	1	2	1	18	外径千分尺的用途		
30	1	2	1	19	外径千分尺的使用方法		
31	1	2	1	20	内径百分表的用途		
32	1	2	1	21	内径百分表的使用方法		
	1	2	2		汽车维修机具的性能和使用知识		
33	1	2	2	1	举升器的使用		
34	1	2	2	2	扭力扳手的使用		
35	1	2	2	3	清洗机的使用		
36	1	2	2	4	万用表的使用		

续表

职业/模块名称					汽车维修工	等级	五级
职业代码							
序号	鉴定点代码				鉴定点内容		备注
	章	节	目	点			
37	1	2	2	5	随车工具的使用		
38	1	2	2	6	轮胎动平衡机的使用		
	1	2	3		汽车构造		
39	1	2	3	1	国产汽车分类		
40	1	2	3	2	国产汽车型号		
41	1	2	3	3	发动机总体构造		
42	1	2	3	4	发动机工作过程		
43	1	2	3	5	发动机的组成		
44	1	2	3	6	曲柄连杆机构的组成		
45	1	2	3	7	曲柄连杆机构的功用		
46	1	2	3	8	配气机构的组成		
47	1	2	3	9	配气机构的功用		
48	1	2	3	10	电控汽油机燃料系的组成和功用		
49	1	2	3	11	电控汽油机燃料系零件的功用		
50	1	2	3	12	柴油机燃料系的工作过程		
51	1	2	3	13	喷油器的作用		
52	1	2	3	14	冷却系的组成		
53	1	2	3	15	冷却系的功用		
54	1	2	3	16	润滑系的组成		
55	1	2	3	17	润滑系的功用		
56	1	2	3	18	汽车传动系的组成		
57	1	2	3	19	汽车传动系的功用		
58	1	2	3	20	汽车离合器的功用		
59	1	2	3	21	离合器的操纵		
60	1	2	3	22	变速器的组成		
61	1	2	3	23	变速器的功用		

续表

职业/模块名称					汽车维修工	等级	五级
职业代码							
序号	鉴定点代码				鉴定点内容	备注	
	章	节	目	点			
62	1	2	3	24	万向传动装置的组成和功用		
63	1	2	3	25	万向传动装置的功用		
64	1	2	3	26	主减速器的功用		
65	1	2	3	27	主减速器的结构		
66	1	2	3	28	差速器的组成		
67	1	2	3	29	差速器的功用		
68	1	2	3	30	汽车行驶系的功用		
69	1	2	3	31	汽车行驶系的组成		
70	1	2	3	32	车桥的组成		
71	1	2	3	33	悬架的组成		
72	1	2	3	34	悬架的功用		
73	1	2	3	35	转向轮定位的内容		
74	1	2	3	36	转向轮定位的功用		
75	1	2	3	37	转向系的组成		
76	1	2	3	38	转向系的功用		
77	1	2	3	39	转向器的功用		
78	1	2	3	40	转向传动机构的组成		
79	1	2	3	41	制动系的功用		
80	1	2	3	42	制动器的功用		
81	1	2	3	43	鼓式制动器的组成		
82	1	2	3	44	盘式制动器的组成		
83	1	2	3	45	驻车制动器的功用		
84	1	2	3	46	驻车制动器的结构		
85	1	2	3	47	液压制动传动装置的组成		
86	1	2	3	48	液压制动传动装置的布置形式		
87	1	2	3	49	气压制动传动装置的组成		

续表

职业/模块名称					汽车维修工	等级	五级
职业代码							
序号	鉴定点代码				鉴定点内容	备注	
	章	节	目	点			
88	1	2	3	50	气压制动传动装置的布置形式		
89	1	2	3	51	真空助力器的作用		
90	1	2	3	52	蓄电池点火系的功用		
91	1	2	3	53	蓄电池的组成		
92	1	2	3	54	蓄电池的功用		
93	1	2	3	55	交流发电机的功用		
94	1	2	3	56	点火线圈的功用		
95	1	2	3	57	火花塞的功用		
96	1	2	3	58	起动系的功用		
97	1	2	3	59	起动机的组成		
	1	2	4		安全操作要求		
98	1	2	4	1	钳工作业安全操作规程		
99	1	2	4	2	台钻安全操作规程		
100	1	2	4	3	砂轮机安全操作规程		
101	1	2	4	4	锉削安全操作规程		
102	1	2	4	5	汽车举升设备安全操作规程		
103	1	2	4	6	汽车维修作业安全操作规程		
	2				相关知识		
	2	1			汽车的使用与检查		
	2	1	1		汽车的安全操作		
104	2	1	1	1	保持环境整洁		
105	2	1	1	2	机油压力警示灯的含义		
106	2	1	1	3	水温警示灯的含义		
107	2	1	1	4	燃油量警示灯的含义		
108	2	1	1	5	发动机故障警示灯的含义		
109	2	1	1	6	ABS 警示灯的含义		

续表

职业/模块名称					汽车维修工	等级	五级
职业代码							
序号	鉴定点代码				鉴定点内容	备注	
	章	节	目	点			
110	2	1	1	7	气囊警示灯的含义		
111	2	1	1	8	安全带警示灯的含义		
	2	1	2		正确使用维修设备		
112	2	1	2	1	运用举升器正确举升车辆		
113	2	1	2	2	使用卧式千斤顶举升车辆		
114	2	1	2	3	使用手动工具更换轮胎		
	2	1	3		正确使用常用工具		
115	2	1	3	1	正确使用锤子		
116	2	1	3	2	正确使用梅花扳手和开口扳手		
117	2	1	3	3	正确使用套筒		
118	2	1	3	4	正确使用接杠		
119	2	1	3	5	正确使用棘轮扳手		
120	2	1	3	6	正确使用一字旋具和十字旋具		
121	2	1	3	7	正确使用尖嘴钳		
	2	1	4		正确使用专用工具		
122	2	1	4	1	正确使用气动枪拆卸轮胎		
123	2	1	4	2	正确使用扭力扳手进行安装作业		
	2	1	5		正确使用常用量具		
124	2	1	5	1	使用百分表检查曲轴的弯曲		
125	2	1	5	2	使用气缸压力表测量气缸压力		
126	2	1	5	3	使用数字式万用表测量电阻		
127	2	1	5	4	使用数字式万用表测量电压		
	2	1	6		识别、选择油料		
128	2	1	6	1	识别发动机润滑油		
129	2	1	6	2	识别制动液		
130	2	1	6	3	识别防冻液		

续表

职业/模块名称					汽车维修工	等级	五级
职业代码							
序号	鉴定点代码				鉴定点内容	备注	
	章	节	目	点			
131	2	1	6	4	识别润滑脂		
132	2	1	6	5	识别手动变速器油		
133	2	1	6	6	识别 ATF（自动变速器油）		
	2	1	7		汽车的使用操作		
134	2	1	7	1	风窗玻璃清洗液液面检查方法		
135	2	1	7	2	汽车仪表照明灯检查方法		
136	2	1	7	3	燃油表检查方法		
137	2	1	7	4	充电指示灯检查方法		
138	2	1	7	5	水温表检查方法		
139	2	1	7	6	机油压力仪表指示的检查方法		
140	2	1	7	7	转向信号灯工作情况的检查方法		
141	2	1	7	8	近光灯、远光灯工作情况的检查方法		
142	2	1	7	9	雾灯工作情况的检查方法		
143	2	1	7	10	小灯工作情况的检查方法		
144	2	1	7	11	空调及鼓风机工作情况的检查方法		
145	2	1	7	12	制动灯工作情况的检查方法		
146	2	1	7	13	刮水器工作情况的检查方法		
147	2	1	7	14	汽车音响工作情况的检查方法		
148	2	1	7	15	电动门窗工作情况的检查方法		
	2	1	8		进行防尘套工作状况的检查		
149	2	1	8	1	传动轴防尘套工作状况的检查		
150	2	1	8	2	转向球头防尘套工作状况的检查		
151	2	1	8	3	转向齿条防尘套工作状况的检查		
152	2	1	8	4	稳定杆球头防尘套工作状况的检查		
153	2	1	8	5	三角臂球头防尘套工作状况的检查		
154	2	1	8	6	连接杆球头防尘套工作状况的检查		

续表

职业/模块名称					汽车维修工	等级	五级
职业代码							
序号	鉴定点代码				鉴定点内容	备注	
	章	节	目	点			
	2	1	9		底盘的检查		
155	2	1	9	1	前轮制动片磨损技术标准		
156	2	1	9	2	后轮制动蹄磨损技术标准		
157	2	1	9	3	制动盘的技术标准		
158	2	1	9	4	制动鼓的技术标准		
159	2	1	9	5	转向系统检查的技术要求		
160	2	1	9	6	轮胎充气压力技术标准		
	2	2			汽车的一级维护		
	2	2	1		发动机、变速器的一级维护		
161	2	2	1	1	发动机清洁作业注意事项		
162	2	2	1	2	气门间隙的检查与调整方法		
163	2	2	1	3	蓄电池维护注意事项		
164	2	2	1	4	更换火花塞的方法		
165	2	2	1	5	发动机空气滤清器的更换方法		
166	2	2	1	6	清理空调冷凝器和散热器外部的方法		
	2	2	2		底盘的一级维护		
167	2	2	2	1	轮胎压力的测量方法		
168	2	2	2	2	车轮螺栓规定的拧紧力矩和拧紧步骤		
169	2	2	2	3	轮胎换位操作要求		
170	2	2	2	4	润滑脂的加注方法		
171	2	2	2	5	离合器踏板自由行程的测量		
172	2	2	2	6	制动踏板自由行程的测量		
173	2	2	2	7	前轮制动器保养		
174	2	2	2	8	后轮制动器保养		
175	2	2	2	9	制动液液面的检查		
	2	2	3		车身电器的一级维护		

续表

职业/模块名称					汽车维修工	等级	五级
职业代码							
序号	鉴定点代码				鉴定点内容	备注	
	章	节	目	点			
176	2	2	3	1	刮水系统的结构		
177	2	2	3	2	清理、调整刮水系统喷水孔的要求和方法		
178	2	2	3	3	空调花粉滤清器更换的要求和方法		
	2	3			汽车的拆装		
	2	3	1		发动机的拆装		
179	2	3	1	1	发动机总成拆卸要领与注意事项		
180	2	3	1	2	曲柄连杆机构的拆装		
181	2	3	1	3	配气机构的拆装		
182	2	3	1	4	冷却系的拆装		
183	2	3	1	5	润滑系的拆装		
184	2	3	1	6	汽油机燃油喷射系统的拆装		
185	2	3	1	7	曲轴轴向间隙检查操作要点		
186	2	3	1	8	安装气缸盖和更换气缸垫的技术要求		
187	2	3	1	9	安装活塞环的技术要求		
188	2	3	1	10	拆装进排气凸轮轴的技术要求		
189	2	3	1	11	安装曲轴与主轴承的技术要求		
190	2	3	1	12	安装活塞与连杆总成的技术要求		
191	2	3	1	13	安装机油泵的技术要求		
192	2	3	1	14	正时带拆装的技术要求		
	2	3	2		发动机零部件的测量		
193	2	3	2	1	活塞环的技术标准		
194	2	3	2	2	活塞直径的技术标准		
195	2	3	2	3	气缸内径的技术标准		
196	2	3	2	4	气缸盖平面度误差的技术标准		
	2	3	3		传动装置的拆装		
197	2	3	3	1	离合器分解要领		

续表

职业/模块名称					汽车维修工	等级	五级
职业代码							
序号	鉴定点代码				鉴定点内容	备注	
	章	节	目	点			
198	2	3	3	2	离合器安装要领		
199	2	3	3	3	手动变速器拆装要领		
200	2	3	3	4	主减速器拆装要领		
201	2	3	3	5	差速器拆装要领		

第3部分

理论知识复习题

基本要求

一、判断题（将判断结果填入括号中。正确的填“√”，错误的填“×”）

1. 服务产品同其他有形产品一样，也强调产品要能满足不同的消费者需求。（ ）

2. 优质服务仅要求能保证充足的商品补给。（ ）

3. 汽车维修对于确保客户的安全是一项重要的工作。（ ）

4. 维修技工的工作职责是进行维护和修理工作，并在结束后进行最后的检查。（ ）

5. 职业理想全凭个人的主观选择。（ ）

6. 职业理想构成包括职业收入。（ ）

7. 职业道德修养，是指从事各种职业活动的人员，按照职业道德基本原则和规范，在职业活动中进行自我教育、自我改造、自我完善，使自己形成良好的职业道德品质和达到一定的职业道德境界。（ ）

8. 职业道德素质的提高，取决于社会的培养、组织的教育和主观努力。（ ）

9. 职业素质是劳动者对社会职业了解与适应能力的一种综合体现。（ ）

10. 职业素质主要表现在职业能力、职业成就、职业个性及职业情况等方面。（ ）

11. 礼貌接待就是要对客户微笑。（ ）

12. 接待人员同客户交谈时，要使客户产生亲切感。（ ）

13. 维修人员要随时整理场地，保持清洁。（ ）

14. 为了保持场地清洁，应随时在场地内洒水，保持场地湿润。（　　）
15. 安全驾驶就是慢速驾驶。（　　）
16. 在驾驶客户车辆时要注意不要弄脏内饰。（　　）
17. 攻螺纹时，当攻不通时不能硬性推转，应先退出丝锥，排出孔中切屑后再攻。（　　）
18. 镶套法是最好的修理螺纹的方法，使用时必须将铜套与壳体采用过渡配合。（　　）
19. 钳工锉用毕应在表面抹油以防锉刀锈蚀。（　　）
20. 粗齿钳工锉适用于锉削特硬金属材料的零件。（　　）
21. 百分表磁性表座必须安装在金属表面。（　　）
22. 因为磁性表座有磁性，所以可以横着放。（　　）
23. 百分表的小指针范围是 0～3 mm，表示可以测量的范围在 3 mm 以内。（　　）
24. 百分表的大指针每走一格表示百分表头缩进 0.01 mm。（　　）
25. 台虎钳规格大小是根据钳口长度划分的。（　　）
26. 台虎钳安装时，应固定在工作台的中间位置。（　　）
27. 锉刀的锉纹在 10 mm 长度中条数越多，则齿纹越粗。（　　）
28. 锉削有色金属材料时应选用双齿纹的锉刀。（　　）
29. 钢锯条在安装时，锯齿的齿尖要朝前。（　　）
30. 锯割较硬的材料时，应采用细齿钢锯条。（　　）
31. 用砂轮磨削工件时，操作者尽量站在砂轮机的正对面。（　　）
32. 砂轮机可以用来磨刀刃及钻头，也可以用来打磨工件或材料的毛刺。（　　）
33. 台钻是一种小型钻床，除了钻孔以外还可以用来扩孔、铣槽等。（　　）
34. 使用台钻钻孔时，可以戴手套，但手中不能拿棉纱来清除切屑。（　　）
35. 磨床上刮的效果取决于刀片方向。（　　）
36. 切勿在磨床上把刀片磨得太快，应经常在油石上磨刀片。（　　）
37. 可通过锤子敲击分开盖和壳体。（　　）
38. 用锤子轻轻地敲击螺栓，可以检查螺栓的松紧度。（　　）
39. 在用钳子夹紧前，须用防护布或其他防护罩遮盖易损坏件。（　　）

40. 不能用刀口钳切割硬的或粗的电线。（ ）

41. 施加的力的大小取决于扳手柄的长度，手柄越长，用较小的力得到的力矩越大。（ ）

42. 最后的拧紧始终用扭力扳手来完成，以便将其拧紧到标准值。（ ）

43. 使用风动工具必须配合使用淬火的套筒。（ ）

44. 冲头常用于拆卸和更换定位销。（ ）

45. 游标卡尺的常用精度为 0.01 mm。（ ）

46. 游标卡尺的精度比千分尺的精度高。（ ）

47. 游标卡尺下的卡脚可测量内表面的表面粗糙度。（ ）

48. 不能用游标卡尺测量铸锻毛坯件，以免失去精度。（ ）

49. 0～25 mm 规格的外径千分尺不能测量曲轴轴颈。（ ）

50. 外径千分尺的测量精度可达 0.001 mm。（ ）

51. 可以用千分尺测量正在旋转的轴类零件的直径。（ ）

52. 用千分尺测量工件，当测量面将要接近工件时应用棘轮转动，当棘轮发出响声后读取读数。（ ）

53. 内径百分表可以用来测量气缸的磨损程度。（ ）

54. 内径百分表规格以其可以测量的内径范围来确定。（ ）

55. 用内径百分表测量气缸直径时，必须摆动内径百分表，指针指示到最小数字时，此读数才是气缸直径值。（ ）

56. 百分表的指针应该垂直于被测表面。（ ）

57. 在使用举升器时必须提醒周围工作人员注意。（ ）

58. 一旦轮胎稍离地，即要检查车辆支承是否合适。（ ）

59. 在使用扭力扳手时必须锁定扭矩。（ ）

60. 通过旋转套筒可预设所要求的扭矩。（ ）

61. 较为广泛使用的清洗液是温水。（ ）

62. 各种材料的零件可以同时在清洗机内清洗。（ ）

63. 万用表可以测量感应电压。（ ）

64. 万用表可以用来测量电压、电阻和频率等。（　　）

65. 车下维修作业时，应先用千斤顶顶起车辆，再用砖块将车辆垫好。（　　）

66. 手摇式举升器可以同时顶起一侧的两个车轮。（　　）

67. 离车动平衡机可以校正“由于车轮和安装后因车轮轮毂的偏心引起的不平衡”和“由于车轮轮毂产生的不平衡”。（　　）

68. 车轮不平衡可能引起汽车行驶时过大的振动。（　　）

69. 额定装载质量为2～8 t的货车是中型货车。（　　）

70. 越野车一般是由多桥驱动的。（　　）

71. 乘用车是指用于载人及行李，包括驾驶员座位在内不超过9座的汽车。（　　）

72. 轻型货车是指额定装载质量小于2.5 t的货车。（　　）

73. 发动机的排量是指废气的排出量。（　　）

74. 越野汽车的主要结构特征是全轮驱动。（　　）

75. 活塞在气缸中做匀速直线往复运动。（　　）

76. 发动机的振动是由往复运动的惯性力和离心力引起的。（　　）

77. 工作顺序为1—5—3—6—2—4的直列四冲程六缸发动机，当第一缸处于做功状态时，第六缸应为进气状态。（　　）

78. 湿式气缸套比干式气缸套壁厚，所以装湿缸套的机体刚度要大些。（　　）

79. 曲柄连杆机构所受到的力仅有气体的作用力和惯性力。（　　）

80. 为了使气缸套与缸体之间密封，不论是干式气缸套还是湿式气缸套，在压入气缸体后都应使气缸套顶面与气缸体上平面平齐。（　　）

81. 活塞裙部膨胀槽一般开在受侧压力较大的一面。（　　）

82. 转向器是转向系中的增速增力传动装置。（　　）

83. 四冲程发动机曲轴与凸轮轴的速比为1∶2。（　　）

84. 以凸轮轴转角表示的进排气门开闭时刻和开启持续时间称为配气相位。（　　）

85. 气门间隙变大，则进气（或排气）持续角增大。（　　）

86. 气门的关闭是依靠气门弹簧来完成的。（　　）

87. 通常将氧传感器安装在进气管上。（　　）

88. 燃油系统压力由燃油泵决定。（ ）

89. 空气流量计的作用是测量发动机的进气量，计算机根据空气流量计的信号和转速信号确定基本喷油量。（ ）

90. 怠速控制装置就是怠速电动机。（ ）

91. 柴油机在进气过程中吸入的是纯空气。（ ）

92. 柴油机燃料供给系统由喷油泵和喷油器两部分组成。（ ）

93. 往柴油机燃烧室喷入的高压油是由喷油器建立的高压。（ ）

94. 为了防止细小杂质堵塞喷孔，在喷油器高压油管接头中装有孔式滤芯。（ ）

95. 水冷却系主要由散热器、水泵、风扇、节温器和水温表等部件组成。（ ）

96. 离心式水泵被广泛采用。（ ）

97. 冷却系节温器的作用是控制流经散热器的水量。（ ）

98. 节温器主阀门开启过迟，就会引起发动机过热；主阀门开启过早，则使发动机预热时间延长，使发动机温度过低。（ ）

99. 润滑系主油道中的压力越高越好。（ ）

100. 润滑系中旁通阀一般都安装在粗滤器中，其功用是限制主油道的最高压力。（ ）

101. 润滑系统仅起润滑作用。（ ）

102. 发动机冷启动时润滑油黏度大，流动性差，润滑油的压力会降低。（ ）

103. 桑塔纳轿车的传动形式是发动机后置后驱动。（ ）

104. 大多数后置发动机是纵向布置的，以缩短汽车的后悬架。（ ）

105. 传动系的功用是将发动机动力传给驱动轮。（ ）

106. 全轮驱动一般广泛应用于轿车上。（ ）

107. 离合器踏板自由行程过大，离合器会打滑；离合器踏板自由行程过小，离合器会分离不彻底。（ ）

108. 摩擦片具有将离合器盖的动力传给压盘的作用。（ ）

109. 离合器操纵机构是驾驶员借以使离合器分离，而后又使离合器柔和接合的一套机构。（ ）

110. 离合器的操纵方式分为机械式和液压式。（　）

111. 同步器由同步装置、锁止装置、接合装置三部分组成。（　）

112. 桑塔纳轿车二轴式变速器共有三个前进挡和一个倒挡。（　）

113. 汽车上设置变速器的目的是改变发动机转矩，提高发动机功率。（　）

114. 为防止变速器同时挂入两个挡位，必须在操纵机构内装设自锁装置。（　）

115. 万向节按速度特性可分为普通万向节和等速万向节。（　）

116. 万向传动装置一般由万向节和传动轴组成。（　）

117. 万向传动装置的功用是在轴线相交并且相互位置经常变化的两转轴之间传递动力。（　）

118. 球叉式万向节由于承载能力大，磨损小，结构紧凑，拆装方便，因此应用越来越广泛。（　）

119. 主减速器能起到降速、降转矩的作用。（　）

120. 主减速器中采用双曲面齿轮的缺点是噪声大，承载能力低。（　）

121. 主减速器能起到降速、增转矩的作用。（　）

122. 转向器的功用是增大由转向盘传到转向节的力，并改变力的传递方向。（　）

123. 普通行星齿轮式差速器由行星齿轮、半轴齿轮、行星齿轮轴、差速器壳等组成。（　）

124. 单级主减速器结构简单，广泛应用于中型以下货车及轿车。（　）

125. 汽车装有差速器后，可使左右两驱动轮转速不同，一快一慢。（　）

126. 把驱动桥架空，当差速器壳转速为零时，一侧车轮受外力而转动，则另一侧车轮会朝相同的方向转动。（　）

127. 兼起转向和驱动作用的前桥称为转向驱动桥。（　）

128. 整体式转向桥主要由前轴、转向节、车轮组成。（　）

129. 车桥通过悬架与车架相连接，其两端安装车轮。（　）

130. 主销内倾角的车轮自动回正作用与车速密切相关。（　）

131. 装有动力转向装置的汽车，转向后自动回正的能量将大为减弱。（　）

132. 汽车悬架是弹性连接车桥和车架的传力装置。（　）

133. 减振器根据形状可分为单管式减振器和双管式减振器。（ ）

134. 悬架的减振器仅起缓冲作用。（ ）

135. 采用非独立悬架的汽车当一侧车轮因路面不平而跳动时，另一侧车轮不会受影响。（ ）

136. 前束值是指左右两轮之间后方距离与前方距离之差。（ ）

137. 前轮外倾角是由转向节结构确定的。（ ）

138. 前轮前束的调整由调整转向节臂来保证。（ ）

139. 车轮外倾的作用在于增强前轮工作安全性和转向轻便，使前轮自动回正。（ ）

140. 转向传动机构是指转向器至转向轮之间的一整套传动杆件。（ ）

141. 与非独立悬架配用的转向传动机构的各杆件之间都采用球形铰链连接，并设有防止松脱、缓冲吸振、自动消除磨损后间隙等结构措施。（ ）

142. 汽车转向时，外侧转向轮偏转角越大，其转弯半径也越大。（ ）

二、单项选择题（选择一个正确的答案，将相应的字母填入题内的括号中）

1. 不符合服务理念定义的是（ ）。

A. 保证充足的商品补给　　B. 保证商品种类繁多

C. 雇佣称职员工　　D. 挑选喜欢的客户

2. 下列属于维修技工工作职责的是（ ）。

A. 在能力所及的范围内处理一般的客户需求

B. 分配技术员工作，监督工作，并追踪工作进程

C. 进行维护和修理工作，并在结束后进行最后的检查

D. 进行维护和修理工作

3. 属于技术员工作职责的是（ ）。

A. 在能力所及的范围内处理一般的客户需求

B. 分配技术员工作，监督工作，并追踪工作进程

C. 进行维护和修理工作，并在结束后进行最后的检查

D. 进行维护和修理工作

4. 职业理想不包括（ ）。

A. 职业成就　　B. 职业种类　　C. 职业收入　　D. 职业意义

5. 根据个人的性格特点选择合适的工作，应该按（　　）进行选择。

A. 职业成就　　B. 职业种类　　C. 职业收入　　D. 职业意义

6. 职业道德素质的提高，一方面靠他律；另一方面就取决于自己的主观努力，即（　　）。

A. 社会的培养　　B. 组织的教育　　C. 自我修养　　D. 学校教育

7. 职业道德素质的提高，一方面靠他律，即（　　）；另一方面就取决于自我修养。

A. 社会的培养和组织的教育　　B. 主观努力

C. 其他原因　　D. 客观原因

8. 职业素质是劳动者对社会职业了解与适应能力的一种综合体现，其主要表现在职业兴趣、职业能力、（　　）及职业情况等方面。

A. 职业收入　　B. 职业成就　　C. 职业个性　　D. 职业前景

9. 接待首先要在态度上给人（　　）。

A. 高傲感　　B. 冷漠感　　C. 亲切感　　D. 卑微感

10. 为保持工作场地的清洁，维修人员要随时（　　）。

A. 整理场地　　B. 整理通道

C. 保持地面清洁　　D. 其他三个选项都是

11. 错误的表述是：为保持工作场地的清洁，维修人员要随时（　　）。

A. 整理工作服　　B. 整理场地　　C. 整理通道　　D. 保持地面清洁

12. 安全驾驶就是（　　）。

A. 慢速驾驶　　B. 中速驾驶

C. 快速驾驶　　D. 始终保持规范操作的驾驶

13. 关于驾驶客户车辆，下列说法正确的是（　　）。

A. 车辆由接待员驾驶

B. 由客户自己驾驶

C. 每个人都可以驾驶

D. 由单位指定的经验丰富的驾驶员驾驶

14. 防火的责任应落实到（　　）。

A. 领导　B. 安全员　C. 每个人　D. 客户

15. 维修作业标准来自（　　）。

A. 维修手册　B. 领导的建议　C. 同事们的意见　D. 自己的想法

16.（　　）不是螺纹孔的修理方法。

A. 镶套法　B. 扩大尺寸法　C. 更换法　D. 改变螺距法

17. 进行锉削加工时可以不戴的防护用品是（　　）。

A. 手套　B. 防护镜　C. 帽子　D. 护膝

18. 平面度要求越高，磁性表座吸合力（　　）。

A. 越弱　B. 越强　C. 不变　D. 不一定

19. 百分表的规格“0～10 mm”表示（　　）。

A. 压缩量　B. 测量半径　C. 测量直径　D. 测量范围

20. 为了将工件更加牢固地夹紧在台虎钳上，可以采用（　　）。

A. 套上加长管子扳动手柄　B. 用榔头敲手柄

C. 增加钳口与工件的接触面积　D. 垫铝片

21. 修理锯条齿时，应该选用（　　）。

A. 什锦锉　B. 圆锉　C. 三角锉　D. 大的平锉

22. 砂轮机砂轮旋转方向应正确，磨屑应向（　　）飞离砂轮。

A. 上方　B. 左方　C. 右方　D. 下方

23. 下列不能用台钻加工的是（　　）。

A. 钻孔　B. 扩孔　C. 洗槽　D. 加工平面

24.（　　）作业中不可以采用刮刀。

A. 拆卸气缸盖垫片　B. 清除密封剂

C. 除胶　D. 清除焊疤

25. 在必须避免撞坏物件的地方，应该使用（　　）。

A. 球头销锤子　B. 塑料锤　C. 检修用锤　D. 木锤

26. 拆卸水管夹箍可以使用（　　）。

A. 尖嘴钳　　B. 鲤鱼钳　　C. 刀口钳　　D. 旋具

27. 如果由于工作空间限制不能使用成套套筒扳手，应尽可能选用（　　）。

A. 梅花扳手　　B. 开口扳手　　C. 套筒扳手　　D. 棘轮扳手

28. 下列不是使用风动工具必须操作的步骤的是（　　）。

A. 先用手将螺母对准螺钉

B. 操作后，仍要使用扭力扳手检查紧固力矩

C. 调整旋转方向

D. 戴手套

29. 下列可以使用冲头作业的是（　　）。

A. 拆卸和更换定位销　　B. 拆卸螺母

C. 分离壳体　　D. 检查螺栓是否松动

30. 游标卡尺通常用于测量精度小于（　　）mm 的场合。

A. 0.02　　B. 0.01　　C. 0.05　　D. 0.1

31. 蓄电池的电解液溅到皮肤后，应（　　）。

A. 用清水冲洗　　B. 用汽油清洗　　C. 用蜡清洗　　D. 用干毛巾擦干

32. 下列不可以使用外径千分尺测量的是（　　）。

A. 活塞直径　　B. 气缸直径　　C. 活塞销直径　　D. 曲轴直径

33. 外径千分尺使用时，下述（　　）没做，一定会影响测量精度。

A. 锁止度数　　B. 装配外径千分尺

C. 校零　　D. 寻找直径位置

34. 下列不能用内径百分表测量的是（　　）。

A. 平面度　　B. 圆跳动度　　C. 间隙　　D. 长度

35. 测量时，百分表的指针应（　　）。

A. 与测量表面垂直　　B. 与测量表面成 10°角

C. 与测量表面成 45°角　　D. 与测量表面平行

36. 下列不是轿车举升接触点的是（　　）。

A. 前地台板提升点　　B. 前悬架提升点

C. 前车架提升点　　　　　D. 底板的中部

37. 下列不是扭力扳手的类型的是（　）。

A. 电子式　　B. 定力矩式　　C. 指针式　　D. 弹簧式

38. 清洗机无法清洗（　　）。

A. 泥土　　B. 油漆　　C. 垃圾　　D. 油污

39. 万用表可测量（　　）。

A. 直流　　B. 交流　　C. 交、直流　　D. 其他选项都不对

40. 关于千斤顶的使用下述说法错误的是（　　）。

A. 装好马凳后才可进入车下

B. 切勿顶升超过千斤顶最大允许荷载的任何车辆

C. 带有空气悬架的车辆和其他车辆一样举升

D. 可以同时使用多个举升器

41. 轮胎动平衡的标准是小于（　）g。

A. 2　　B. 10　　C. 15　　D. 5

42. 下列不是按汽车用途分类的是（　　）。

A. 客车　　B. 营运汽车　　C. 载货汽车　　D. 越野汽车

43. 汽车结构特征代号X表示（　　）。

A. 厢式汽车　　B. 罐式汽车　　C. 专用自卸汽车　　D. 特种结构汽车

44. 四冲程直列六缸发动机的工作顺序一般是（　　）。

A. 1—5—3—6—2—4　　B. 1—3—2—4—5—6

C. 1—2—3—4—5—6　　D. 1—6—4—2—3—5

45. 排量为1 680 mL的四缸发动机，其燃烧室容积为60 mL，则压缩比等于（　　）。

A. 6　　B. 8　　C. 7　　D. 10

46. 缸盖上最多安装（　）个气门。

A. 2　　B. 3　　C. 4　　D. 5

47. 曲轴的基本组成不包括（　　）。

A. 主轴颈　　B. 连杆轴颈　　C. 曲柄　　D. 轴瓦

48. 为抵抗连杆拉伸、压缩等变形，将连杆制成“（ ）”字形。

A. 一 B. 工 C. H D. L

49. 活塞在制造中，其头部有一定锥度，主要是因为（ ）。

A. 节省材料 B. 可减少往复运动惯性力

C. 活塞在工作中受热膨胀不均匀 D. 润滑可靠

50. 上置凸轮轴式配气机构的（ ）是由凸轮轴直接驱动的。

A. 推杆 B. 挺杆 C. 凸轮 D. 曲轴

51. 气门的关闭是依靠（ ）来完成的。

A. 气门弹簧 B. 摇臂 C. 推杆 D. 挺杆

52. 使用液压挺杆，可使进气门间隙保持为（ ）mm。

A. 0 B. 0.20 C. 0.25 D. 0.30

53. 燃油系统压力过高，说明燃油压力调节器（ ）。

A. 泄漏 B. 卡死 C. 导通 D. 堵塞

54. 决定基本喷油量的传感器是（ ）。

A. 水温传感器 B. 进气压力传感器

C. 氧传感器 D. 爆燃传感器

55. 打开点火开关，不启动发动机，燃油泵继电器（ ）。

A. 不工作 B. 一直工作 C. 工作 1～2 s D. 间歇性工作

56. 柴油发动机的混合气是在（ ）内形成的。

A. 化油器 B. 喷油泵 C. 喷油器 D. 燃烧室

57. 长型孔式喷油器适用于（ ）的柴油机。

A. 热负荷较低 B. 功率高 C. 功率低 D. 热负荷较高

58. 水冷却系由（ ）、水泵、风扇、节温器和水温表等主要部件组成。

A. 油泵 B. 喷水器 C. 散热器 D. 集滤器

59. 冷车启动后，冷却液通过（ ）以加快升温。

A. 小循环 B. 大循环 C. 不循环 D. 大小循环

60. 水泵通过叶轮旋转在（ ）作用下将冷却液循环。

A. 摩擦力　　B. 离心力　　C. 惯性力　　D. 阻力

61. 机油没有压力时，机油压力开关在弹簧力的作用下（　　），报警灯亮。

A. 接通触点，导通开关　　B. 切断触点，导通开关

C. 接通触点，断开开关　　D. 切断触点，断开开关

62. 下列不是润滑油作用的是（　　）。

A. 防锈　　B. 抗冻　　C. 密封　　D. 清洁

63. 离合器位于发动机与（　　）之间，是汽车传动系中直接与发动机相联系的总成。

A. 变速器　　B. 差速器　　C. 传动轴　　D. 主减速器

64. 越野车的主要结构特征就是（　　）。

A. 发动机前置后驱动　　B. 发动机前置前驱动

C. 发动机后置后驱动　　D. 全轮驱动

65. 对离合器的主要要求是（　　）。

A. 接合柔和，分离彻底　　B. 接合柔和，分离柔和

C. 接合迅速，分离彻底　　D. 接合迅速，分离柔和

66. 按传动介质来分，离合器的操纵机构可以分为机械式、液压式和（　　）。

A. 气压式　　B. 人力式　　C. 动力式　　D. 附加动力式

67. 变速器的操纵机构中安装了倒挡锁装置、自锁装置和（　　）。

A. 同步装置　　B. 差速装置　　C. 锁止装置　　D. 互锁装置

68. 为了保证变速器不自行脱挡或挂挡，在操纵机构中设有（　　）装置。

A. 自锁　　B. 互锁　　C. 倒挡锁　　D. 联锁

69. 桑塔纳轿车的转向驱动桥采用（　　）万向节。

A. 球叉式　　B. 球笼式　　C. 双联式　　D. 三销式

70. 万向传动装置除连接变速器与驱动桥外，还应用于（　　）。

A. 离合器与变速器之间　　B. 转向桥中

C. 驱动桥与车轮之间　　D. 转向操纵系统中

71. 单十字轴万向节，在有夹角时，如果主动轴以等角速度转动，从动轴的速度（　　）。

A. 快　　B. 相同　　C. 慢　　D. 时快时慢

72. 主减速器的功用是将输入的（　　）增大，转速降低。

A. 转矩　B. 转速　C. 功率　D. 动力

73. 主减速器的双曲面齿轮的主、从动齿轮轴线（　　），降低了车辆的重心，提高了行驶的稳定性。

A. 相交　B. 不相交　C. 平行　D. 垂直

74. 当汽车转弯行驶时，差速器内的半轴齿轮处于（　　）状态。

A. 公转　B. 自转　C. 既公转又自转　D. 自由旋转

75. 汽车装上差速器后，转弯时可以使内侧车轮转速降低，外侧车轮转速（　　）。

A. 不变　B. 降低　C. 升高　D. 都有可能

76. 在汽车行驶时，桥壳承受由（　　）传来的路面反作用力。

A. 车架　B. 车身　C. 车轮　D. 离合器

77. 以下部件中，（　　）不属于转向传动机构。

A. 转向摇臂　B. 转向节臂　C. 转向轮　D. 转向横拉杆

78. 非独立悬架两侧车轮由一根整体式车桥相连，车轮和车桥一起通过弹性元件连接在（　　）下面。

A. 万向节　B. 传动系　C. 车架　D. 传动轴

79. 独立悬架车桥都做成断开式的，每边车轮均用（　　）单独地连接在车架下面。

A. 钢板弹簧　B. 减振器　C. 螺旋弹簧　D. 离合器

80. 汽车使用的弹簧种类有（　　）。

A. 钢板弹簧　B. 螺旋弹簧　C. 扭杆弹簧　D. 以上选项均正确

81. 悬架的功能是（　　）。

A. 连接车身和车轮，并起到牢固支承的作用

B. 吸收来自路面的冲击

C. 稳定行驶状态

D. 其他各项都是

82. 左右两前轮之间的距离前后端不相等，其（　　）称为前束值。

A. 和值　B. 差值　C. 积值　D. 商值

83. 主销内倾角的作用是使车轮自动回正及（　　）。

A. 形成回正的稳定力矩

B. 提高车轮工作的安全性

C. 减轻或消除因前轮外倾造成的不良后果

D. 转向操纵轻便

84. 转向系一般由转向操纵装置和（　　）组成。

A. 转向器　B. 转向传动轴　C. 转向传动机构　D. 转向盘

85. 汽车转向系将驾驶员作用于转向盘上的力矩（　　）传给转向轮。

A. 增大后　B. 减小后　C. 直接　D. 先增大后减小

86.（　　）转向器特别适于与麦弗逊悬架配合。

A. 齿轮齿条式　B. 循环球式　C. 曲柄指销式　D. 蜗杆滚轮式

87. 齿轮齿条式转向器的（　　）。

A. 正效率高　B. 逆效率高

C. 正、逆效率都高　D. 其他各项都是

88. 前轮采用独立悬架的汽车，转向梯形机构中的横拉杆应是（　　）的。

A. 断开式　B. 整体式　C. 组合式　D. 没有特别规定

89. 汽车制动实际上是将（　　）转化为热能。

A. 重力势能　B. 动能　C. 阻力能　D. 压力能

90. 制动器可以分为车轮制动器和（　　）。

A. 驻车制动器　B. 脚制动器　C. 气压制动器　D. 液压制动器

91. 鼓式制动器的旋转元件为（　　）。

A. 制动鼓　B. 摩擦片　C. 制动盘　D. 制动底板

92. 气压制动器的驱动力完全由（　　）产生。

A. 液压　B. 气压　C. 脚踏板　D. 制动蹄

93. 盘式制动器的优点是（　　）。

A. 制动力较为稳定　B. 耐衰减性能良好

C. 水稳定性好　D. 其他各项都是

94. 驻车制动器一般控制（　　）。

A. 前两轮　　B. 后两轮　　C. 四轮　　D. 一个前轮、一个后轮

95. 驻车制动器与车轮制动器处于一体，制动力作用在（　　）上。

A. 车轮　　B. 转向器　　C. 车桥　　D. 悬架

96. 液压制动总泵由缸体、（　　）、推杆、皮碗、回位弹簧、出油阀、回油阀组成。

A. 分泵　　B. 挺杆　　C. 循环球　　D. 活塞

97. 桑塔纳汽车液压制动传动装置的布置形式是（　　）。

A. II 型　　B. X 型　　C. HI 型　　D. HH 型

98. 气压制动系的制动气室有（　　）式和活塞式。

A. 齿轮　　B. 膜片　　C. 弹簧　　D. 气压

99. 气压制动传动装置可按管路的布置形式分为单管路和（　　）两种。

A. 三管路　　B. 双管路　　C. 四管路　　D. 五管路

100. 真空助力器的（　　）工作时产生的推力直接作用在制动主缸的活塞推杆上。

A. 真空加力气室　　B. 控制阀

C. 辅助缸　　D. 主缸

101. 汽车制动系中真空助力器的助力源是大气与（　　）。

A. 液压油　　B. 压缩空气

C. 发动机的真空度　　D. 高压空气

102. 点火系能根据发动机工况变化提供最佳的（　　）。

A. 高电压　　B. 点火能量　　C. 点火时刻　　D. 点火频率

103. 铅蓄电池用纯净的（　　）与蒸馏水按一定比例配制电解液。

A. 硫酸　　B. 盐酸　　C. 纯碱　　D. 烧碱

104. 蓄电池可将一部分电能转化为（　　）储存起来。

A. 机械能　　B. 化学能　　C. 光能　　D. 热能

105. 蓄电池放电时，硫酸分解成（　　）。

A. 氢气和水　　B. 氢气和硫酸根

C. 氢离子和硫酸根　　D. 水和硫酸根

106. 发电原理是利用了（　　）作用。

A. 磁力线感应　B. 电场感应　C. 磁场感应　D. 电磁感应

107. 点火线圈将蓄电池提供的（　）转变为高电压。

A. 交流电　B. 机械能　C. 直流电　D. 低压电

108. 发动机低速旋转时，点火系中附加电阻的电阻值将增大，点火系的初级电流（　　）。

A. 减小　B. 保持不变　C. 增大　D. 都有可能

109. 火花塞的性能要求是（　　）。

A. 绝缘性能良好，强度高　B. 完全密封

C. 电极周围的温度要适中　D. 其他各项都是

110. 为避免在发动机正常运转时起动机再次投入工作和启动发动机后能迅速停止工作，一些起动机控制电路中还采取了相应的（　　）。

A. 切换装置　B. 保护措施　C. 换向措施　D. 防冲击装置

111. 起动机按控制装置分为（　）起动机和电磁操纵式起动机。

A. 直接操纵式　B. 惯性啮合式

C. 移动电枢啮合式　D. 强制啮合式

112. 起动机由励磁线圈、电枢、（　）组成。

A. 超越离合器　B. 电刷　C. 换向器　D. 其他各项都是

113. 下列不是安全服装的特点的是（　　）。

A. 防止灾害　B. 美观、个性化　C. 提高工作效率　D. 方便工作

114. 涉及安全方面的事情，要（　　）。

A. 打报告请示　B. 听领导指示

C. 听安全员指示　D. 首先自己确认安全

115. 对待涉及安全方面事情的态度，正确的是（　　）。

A. 不得依靠他人来做　B. 听之任之

C. 相互推诿　D. 无所谓

116. 二人在一起工作，对涉及安全方面的工作，要（　　）。

A. 听领导指示　　B. 相互提醒

C. 派安全员监督　　D. 请第三方同事检查

117. 二人在一起工作，可能涉及安全方面的工作有（　　）。

A. 启动发动机　　B. 使用举升机举升或下降车辆

C. 在举升机上驱动车轮　　D. 其他各项都是

118. 穿戴防护用具是为了（　　）。

A. 保护自己　B. 保护车辆　C. 保护配件　D. 保护设备

119. 需要戴防护眼镜的工作是（　　）。

A. 使用砂轮机　B. 喷涂　C. 更换制动盘　D. 更换离合器

120. 对待使用安全装置的正确态度是（　　）。

A. 随意使用　B. 不使用　C. 让别人使用　D. 自己按规定使用

121. 下列属于安全装置的是（　　）。

A. 配合千斤顶一起使用的支架　　B. 举升机的挡块

C. 砂轮机的挡板　　D. 其他各项都是

122. 废机油可以选择的处理方法是（　　）。

A. 倒入下水道　B. 收集后再用　C. 集中处理　D. 都可以

相关知识

一、判断题（将判断结果填入括号中。正确的填“√”，错误的填“×”）

1. 当机油压力警示灯点亮时，如果机油液面正常则发动机仍可以继续正常工作。（　　）

2. 当机油压力警示灯点亮时，发动机应立即停止工作，检查故障原因。（　　）

3. 当水温警示灯点亮时，应立即检查冷却系统。（　　）

4. 当水温警示灯点亮时，一定是冷却系统水温过高。（　　）

5. 当燃油量警示灯点亮时，提醒驾驶员应立即就近加注燃油。（　　）

6. 当燃油量警示灯点亮时，车辆应该还可以再继续行驶约 80 km 而不必加注燃油。（　　）

7. 发动机故障灯点亮而车辆能正常工作则不必进入维修站检修。 （ ）

8. 汽车运行时如果ABS灯点亮，则表明制动系统完全失效。 （ ）

9. 打开点火开关气囊灯常亮时，可通过拆电瓶正极来消除故障使故障灯熄灭。 （ ）

10. 当没有按要求系好安全带时，安全带警示灯应点亮。 （ ）

11. 举升车辆之前，应首先确认车辆的支承点可靠安全。 （ ）

12. 在平坦的地面使用卧式千斤顶时，一直要使用轮胎挡块。 （ ）

13. 使用卧式千斤顶顶起车身后部时，举升的力量应落在后桥中心大梁上。 （ ）

14. 更换车轮轮胎时，没有必要按照交叉的方式紧固车轮螺母。 （ ）

15. 随车维修千斤顶仅供更换瘪胎的紧急情况下使用，不能用其进行一级维护作业。 （ ）

16. 使用锤子时，手应握在木柄的前端。 （ ）

17. 使用梅花扳手和开口扳手力矩不够时，不可以用锤子敲击扳手。 （ ）

18. 公英制套筒的规格相近时不可以互换使用。 （ ）

19. 在必要时可以敲击接杆以使螺栓松动。 （ ）

20. 不可以敲击接杆以使螺栓松动。 （ ）

21. 使用棘轮扳手拆卸螺栓时不允许使用锤子敲击。 （ ）

22. 在某些特殊场合可以使用十字旋具给薄铁皮打孔。 （ ）

23. 使用尖嘴钳时不允许使用过大力矩，防止钳口变形。 （ ）

24. 在使用气动枪之前应确保管道内的气压达到 20 bar 以上。 （ ）

25. 使用扭力扳手进行气缸盖螺栓安装作业时可以一次性拧到规定的力矩。 （ ）

26. 百分表不使用时，应使测量杆处于自由状态，以免表内的弹簧失效。内径百分表不使用时，百分表表盘应拆下来保存。 （ ）

27. 使用百分表检查曲轴的弯曲时百分表磁性表座无须安装固定。 （ ）

28. 桑塔纳轿车标准的气缸压力应为 1.0～1.3 MPa。 （ ）

29. 检查气缸压力，如果相邻两缸压缩压力特别低，则可能是此相邻气缸之间漏气。 （ ）

30. 电压表串联在电路中。 （ ）

31. 二极管具有单向导电性。（　）

32. 发动机机油具有冷却、润滑、清洁、密封等功能，其对于保证发动机正常工作起到至关重要的作用。（　）

33. 随着发动机工作时间的增加，发动机机油由于高温氧化、机械零件磨损的细小颗粒、燃油蒸气腐蚀等因素的影响而受到污染。另外，发动机机油在正常使用中还有一定的消耗量。（　）

34. 制动液有毒性和强腐蚀性，不可与油漆接触。制动液具有吸湿性，即它能吸收周围空气中的水分，因此要将它存放在密封的容器里。（　）

35. 每隔两年应更换一次制动液，如果不到两年，但汽车行驶已超过 50 000 km，也应更换制动液。（　）

36. 使用防冻液可以防止水箱在严寒的冬季结冰，但它对冷却系统有较强的腐蚀性，所以夏季不使用防冻液。（　）

37. 润滑脂软硬程度的指标是流动性。（　）

38. 可以使用普通齿轮油代替双曲线齿轮油。（　）

39. 桑塔纳 2000 系列轿车变速器齿轮油标号为 API-GL5，SAE75W90，应按维护周期的规定检查变速器齿轮油油面高度。（　）

40. 不同车型可以混用 ATF。（　）

41. 大众自动变速器的行星齿轮减速器应加注大众专用 VW ATF，配件号为 G052 162 A1（0.5 L 桶装）。（　）

42. 风窗玻璃清洗液的液面过低时，应添加专用清洗液。（　）

43. 调整仪表照明灯的调节旋钮到底时，仪表照明灯应保持最大亮度。（　）

44. 仪表照明灯的亮度可以用仪表照明灯的调节旋钮调节。（　）

45. 桑塔纳轿车燃油箱油满时打开点火开关，燃油表指针应保持在原位置不动。（　）

46. 充电指示灯在发动机启动后应立即熄灭。（　）

47. 打开点火开关，充电指示灯应点亮。（　）

48. 水温指示在红色区域时，表明发动机工作温度正常。（　）

49. 桑塔纳轿车运行的水温一直指示 70℃时，表明发动机工作温度正常。（　）

50. 打开点火开关，机油压力仪表指示灯应点亮。 （ ）

51. 发动机启动后机油压力仪表指示灯微亮是正常的。 （ ）

52. 当向左打开转向信号灯开关时，左侧转向信号灯快速频闪，说明另一个转向灯泡有故障。 （ ）

53. 近光灯和远光灯照射的区域是相同的。 （ ）

54. 桑塔纳轿车远光灯灯泡规格通常为12 V 55 W。 （ ）

55. 只有在打开小灯的情况下，才能打开雾灯。 （ ）

56. 桑塔纳轿车关闭点火开关后，如转向信号灯开关在左侧位置，此时左侧的小灯应该点亮，示意临时停车。 （ ）

57. 桑塔纳轿车发动机启动后打开空调时，A/C灯不亮是正常的。 （ ）

58. 制动灯的灯泡规格一般为12 V 5 W。 （ ）

59. 有一个制动灯的灯泡不亮肯定是熔丝烧毁造成的。 （ ）

60. 在检查刮水系统时，若刮水器橡胶有损伤，应及时更换。 （ ）

61. 一般规定刮水器每五年更换一次。 （ ）

62. 汽车保养后应检查音响系统的设定是否正确。 （ ）

63. 电动门窗上升速度过慢时可以在车窗玻璃的密封滑槽内喷入油脂。 （ ）

64. 将车辆用两柱举升机举起，转动两个前车轮，目视检查防尘罩固定处是否牢靠，有无老化、裂纹、破损或漏油，球头座处有无磕碰、变形、裂纹。 （ ）

65. 转向球头防尘套有轻微开裂应视为正常。 （ ）

66. 转向齿条的防尘套损坏对转向机构影响不大，故不必更换。 （ ）

67. 稳定杆球头防尘套损坏影响不大，故不必更换。 （ ）

68. 若三角臂球头防尘套漏润滑脂，只需在球头内加满润滑脂即可。 （ ）

69. 桑塔纳2000系列轿车前轮制动器摩擦片厚度为14 mm。 （ ）

70. 桑塔纳2000系列轿车前轮制动器摩擦片磨损极限为7 mm。 （ ）

71. 桑塔纳2000系列轿车前轮制动器制动盘厚度为20 mm。 （ ）

72. 桑塔纳2000系列轿车后制动鼓标准尺寸为200 mm。 （ ）

73. 转向系统的油液可随意添加，不必考虑牌号要求。 （ ）

74. 不要将转向盘保持在止动位置过长的时间，否则可能会损坏转向泵。（　）

75. 别克新世纪轿车后轮轮胎的气压应为0.5 bar。（　）

76. 在进行发动机清洗作业时可以不采取任何措施而直接用高压水枪进行冲洗。（　）

77. 有液压挺杆气门机构的发动机若机油压力过低可造成气门脚异响。（　）

78. 四气缸四冲程发动机调整气门间隙，当第四缸在压缩上止点时，可对第二缸进排气门进行调整。（　）

79. 检查蓄电池液位时可以用打火机照明。（　）

80. 拆蓄电池电极时应先拆下负极极柱。（　）

81. 铂金火花塞可以永久使用，不必更换。（　）

82. 更换空气滤清器时无须对空气滤清器座进行清洁。（　）

83. 用压缩空气吹气枪清洁空气滤清器时气流应该向与空气滤清器进气相反的方向吹过。（　）

84. 用高压水枪冲洗冷凝器外部不会损坏散热片。（　）

85. 当车辆在举升器上升起的位置时测量轮胎压力是不规范的。（　）

86. 桑塔纳轿车一级维护轮胎花纹深度应大于1 mm。（　）

87. 在检查汽车的车轮螺栓时通过目测就能判断螺栓是否紧固。（　）

88. 一般要求子午线轮胎不能左右换位。（　）

89. 子午线轮胎可以左右换位。（　）

90. 安装发动机冷却系统的水管时在其内壁不可涂润滑脂。（　）

91. 桑塔纳轿车一级维护中离合器踏板自由行程为10～20 mm。（　）

92. 随着汽车行驶里程的增加，从动盘摩擦片磨损量逐渐加大，离合器踏板自由行程逐渐减小。为避免该自由行程彻底消失，各种车辆均有规定，当汽车行驶一定里程后，需检查和调整离合器踏板自由行程。（　）

93. 桑塔纳2000系列轿车制动踏板自由行程如果不符合规定，可松开制动主缸助力器推力杆上的螺母，通过旋动叉头来调整推力杆长度，从而调整制动踏板自由行程，且保证踏板有效行程为135 mm，总行程不小于180 mm。（　）

94. 摩擦片磨损极限值为7 mm（包括底板），如果小于规定值，就应更换摩擦片。（　）

95. 桑塔纳 2000 系列轿车更换新摩擦片时，应检查制动鼓尺寸，制动鼓内径为 200 mm，磨损极限值为 201 mm。 （ ）

96. 制动液储液罐位于发动机罩内制动主缸上方，制动液储液罐表面刻有“Max”和“Min”的标记，应注意检查液面高度。 （ ）

97. 正常工作时，制动液液面应始终保持在“Max”和“Min”标记之间，自动调节摩擦片间隙装置作用后，引起制动液面略有下降是不正常的。 （ ）

98. 点火钥匙在 ON 挡，打开风窗玻璃清洗液开关，应有液体喷出。如不能喷出，应先检查补充同规格牌号的风窗玻璃清洗液。 （ ）

99. 车辆维护保养时不要检查刮水系统喷水工作情况。 （ ）

100. 更换花粉滤清器时应同时清洁花粉滤清器座、集风口格栅（用压缩空气按与进气相反的方向吹灰尘），装上花粉滤清器后清洁干净外罩。 （ ）

101. 拆卸发动机时，应先拆卸发动机附件。 （ ）

102. 拆卸吊装发动机时下面不可站人，安全第一。 （ ）

103. 装配曲柄连杆机构前，应对全部装配零件彻底清洗，并用压缩空气吹干净。 （ ）

104. 曲轴上钻有贯穿主轴颈、曲柄和连杆轴颈的油道，且油道口均有倒角，倒角的主要作用是储存润滑油。 （ ）

105. 为了气缸的密封，不论是干式缸套还是湿式缸套，在压入气缸体以后，都应使气缸套顶面与气缸体上平面平齐。 （ ）

106. 配气机构在分解前应做好装配记号。 （ ）

107. 桑塔纳 2000 系列轿车的节温器在水中加热，观察节温器阀门开启温度和升程。节温器开始打开温度约为 (87±2)℃，结束打开温度约为 120℃，节温器最大升程约为 8 mm。 （ ）

108. 在旋开冷却液储液罐盖子时可能会有蒸气喷出，应该在发动机温度较低时在冷却液储液罐盖子上盖一块抹布，然后小心地旋开盖子。 （ ）

109. 当润滑系中的粗滤器堵塞失效时，会造成主油道中缺油。 （ ）

110. 细滤器能过滤掉很小的杂质和胶质，所以经过细滤器过滤的润滑油直接流向机件

的润滑表面。（　　）

111. 点火开关打开时可以安全拆装汽油机燃油喷射系统的电子元件。（　　）

112. 拆装汽油机燃油喷射系统的传感器时应先关闭点火开关。（　　）

113. 可以用扭力扳手测量曲轴的端隙。（　　）

114. 在装配气缸盖时，拧紧螺栓的顺序是由外向内。（　　）

115. 安装活塞环时应将活塞环开口全部朝向活塞的主推力面。（　　）

116. 桑塔纳 2000 型 1.8 L AYJ 发动机在安装凸轮轴时，第一缸的凸轮必须朝上。（　　）

117. 一般要求轴瓦与轴颈的接触面积不小于 75%。（　　）

118. 塑料测隙条用于测量主轴承和连杆轴承的间隙。（　　）

119. 连杆大头做成分开式的目的是便于润滑。（　　）

120. 若桑塔纳 2000 型机油泵轴承及齿轮表面有划痕则应更换。（　　）

121. 在安装正时带过程中转动凸轮轴，曲轴不应该处于上止点位置，以免损坏气门和活塞。（　　）

122. 拆装正时带时应该先标记旋转方向，以利于安装。（　　）

123. 若活塞环开口间隙大于规定值可能会造成机油消耗量过大。（　　）

124. 桑塔纳轿车 1.8 L 发动机活塞标准直径为（80.875±0.005）mm。（　　）

125. 缸壁间隙过大易出现“拉缸”现象。（　　）

126. 发动机的气缸与活塞的修理尺寸一般为 4 级，级差为 0.20 mm。（　　）

127. 检查气缸盖平面度误差时，应测量缸盖的对角线和长度方向。（　　）

128. 如果离合器分解时离合器从动盘被油浸过，应检查发动机后曲轴密封是否泄漏。如果发现泄漏，安装离合器从动盘前先安装一个新密封圈。（　　）

129. 可以用适当的通用酒精基溶剂清洁离合器压盘，而去除离合器从动盘摩擦片表面的微小缺陷则可以使用金刚砂布。（　　）

130. 变速器的操纵机构有互锁、自锁、差速锁装置。（　　）

131. 如果手动变速器换挡困难，应首先检查连接杆系及其调整和离合器的工作行程。（　　）

132. 主减速器能起到降速、降转矩的作用。（ ）

133. 半轴齿轮装在差速器壳体两侧并同行星齿轮啮合。（ ）

二、单项选择题（选择一个正确的答案，将相应的字母填入题内的括号中）

1. 汽车保养作业更换的机油应（ ）。

A. 与其他液体混合存放　　B. 倒入下水道

C. 倒入河中　　D. 分别回收处理

2. 当机油压力警示灯点亮时，发动机（ ）。

A. 可以继续正常工作

B. 应立即停止工作，检查故障原因

C. 经检查机油液面正常，可以继续正常工作

D. 停车一会即可继续正常工作

3. 当水温警示灯点亮时，发动机（ ）。

A. 可以继续正常工作

B. 应停止工作，检查故障原因

C. 如果冷却液面正常则可以继续正常工作

D. 停车一会即可继续正常工作

4. 当燃油量警示灯点亮时，（ ）。

A. 提醒驾驶员应立即就近加注燃油

B. 提醒驾驶员还可以再继续行驶约 60 km

C. 应检查燃油警示灯电路故障

D. 不必在意

5. 打开点火开关并启动发动机，发动机故障警示灯（ ）。

A. 可能常亮，也可能不亮　　B. 应不亮

C. 应常亮　　D. 应先亮后灭

6. 发动机故障警示灯在打开点火开关并启动发动机后（ ）表示系统正常。

A. 先亮后灭　　B. 不亮　　C. 常亮　　D. 常亮或不亮

7. ABS 故障警示灯在打开点火开关或启动发动机后（ ）表示系统正常。

A. 先亮后灭　　B. 不亮　　C. 常亮　　D. 常亮或不亮

8. 打开点火开关后安全气囊故障警示灯应（　　）。

A. 可能常亮，也可能不亮　　B. 不亮

C. 和机油压力警示灯一样常亮　　D. 先亮后灭

9. 当没有按要求系好安全带时，安全带警示灯应（　　）。

A. 先亮后灭　　B. 不亮　　C. 点亮　　D. 常亮或不亮

10. 举升车辆之前，应确认（　　）。

A. 举升器清洁　　B. 车辆的支承点可靠安全

C. 车辆的支承点前低后高　　D. 车辆的支承点前高后低

11. 以下有关举升器的说法错误的是（　　）。

A. 举升器应定期进行安全检查　　B. 举升器应定期进行保养

C. 举升器应每年进行分解检查　　D. 举升器应定期进行清洁

12. 使用卧式千斤顶顶起车身后部时，下面说法错误的是（　　）。

A. 一直要使用轮胎挡块

B. 车辆的支承点应可靠安全

C. 举升的力量应落在后桥中心大梁上

D. 允许躺在车下工作

13. 更换车轮轮胎时，（　　）。

A. 没有必要按照交叉的方式紧固车轮螺母

B. 应该按照顺序交叉的方式紧固车轮螺母

C. 紧固车轮螺栓力矩可以随意选择

D. 不必检查轮胎气压

14. 更换车轮轮胎时，以下说法错误的是（　　）。

A. 应检查备胎是否完好

B. 应该按照顺序交叉的方式紧固车轮螺母

C. 应按规定力矩紧固车轮螺栓

D. 更换的轮胎气压可以比正常值高 1 bar

15. 使用锤子时，手应握在木柄的（　　）。

A. 前端　　B. 末端　　C. 三分之二处　　D. 中间

16. 使用梅花扳手和开口扳手时，（　　）。

A. 不可以用锤子敲击扳手　　B. 可以用锤子敲击扳手的末端

C. 可以随意摆放在地面上　　D. 可以用加长套管

17. 公英制套筒的（　　）。

A. 规格相近时也不可以互换使用　　B. 规格相近时可以互换使用

C. 规格本身没有太大的区别　　D. 规格是不用区分的

18. 以下说法正确的是（　　）。

A. 在必要时可以敲击接杆以使螺栓松动

B. 不可以敲击接杆以使螺栓松动

C. 接杆的长度规格只有一种

D. 接杆不必始终保持清洁

19. 以下有关使用棘轮扳手的说法错误的是（　　）。

A. 应该保持工具清洁，防止棘轮磨损

B. 棘轮应该定期清洁

C. 不允许使用锤子敲击棘轮扳手

D. 棘轮内应该定期清洁并加满润滑脂

20. 使用棘轮扳手拆卸螺栓时（　　）。

A. 允许使用锤子敲击　　B. 不允许使用锤子敲击

C. 不必始终保持清洁　　D. 可以使用加长接杆

21. 以下说法正确的是（　　）。

A. 可以使用尖嘴钳拧松螺栓

B. 使用尖嘴钳时不允许使用过大的力矩，以防止钳口变形

C. 其他选项都对

D. 使用尖嘴钳时不必始终保持清洁

22. 在使用气动枪拆卸轮胎时（　　）。

A. 应该选用专用的六角套筒　　B. 应该选用普通的六角套筒

C. 应该选用专用的十二角套筒　　D. 管道内的气压应达到 15 bar 以上

23. 甲技师说使用扭力扳手进行气缸盖螺栓安装作业时应分三次由中间到两头拧到规定的力矩。乙技师说不论安装何种规格的螺栓，使用的扭力扳手规格都是一样的。（　　）

A. 甲技师对　B. 乙技师对　C. 甲乙技师都对　D. 甲乙技师都错

24. 检查曲轴的弯曲时使用的工具不包括（　　）。

A. 百分表　　B. 平台

C. 磁性表座、V 形架　　D. 深度计

25. 检查气缸压力时，需将（　　）火花塞拆除。

A. 全部　B. 部分　C. 一缸　D. 三缸

26. 桑塔纳轿车标准的气缸压力应为（　　）MPa。

A. 0.5～1.3　B. 0.9～1.3　C. 1.3～1.5　D. 1.0～1.3

27. 当检查一根导线的导通性时，如果蜂鸣器响，则表示该导线（　　）。

A. 开路　　B. 导通

C. 电阻超过 50 Ω　　D. 电阻为零

28. （　　）V 以下的交流电压称安全电压。

A. 36　B. 46　C. 56　D. 100

29. 应经常检查发动机机油油面，保持机油油面位于机油尺（　　）。

A. Max（最高）的上面

B. Min（最低）的下面

C. 其他选项都对

D. Max（最高）和 Min（最低）两个标记之间

30. 每（　　）应更换一次制动液。

A. 6 个月　B. 12 个月　C. 2 年　D. 4 年

31. 液压制动系应用（　　）清洗。

A. 无水酒精　B. 汽油　C. 碱水　D. 水

32. 以下有关手动变速器油的说法正确的是（　　）。

A. 手动变速器油可以用ATF代替

B. 手动变速器油不可以用ATF代替

C. 手动变速器无须检查变速器齿轮油油面高度

D. 可以使用普通齿轮油代替双曲线齿轮油

33. 以下有关ATF的说法正确的是（ ）。

A. 别克4T65E自动变速器油可永久使用

B. 不同车型可以混用ATF

C. ATF没有润滑作用

D. 其他选项全错

34. 甲技师说ATF只有润滑作用。乙技师说不同车型可以混用ATF。（ ）

A. 甲技师对　B. 乙技师对　C. 甲乙技师都对　D. 甲乙技师都错

35. 以下有关风窗玻璃清洗液的说法正确的是（ ）。

A. 风窗玻璃清洗液的液面应在Max之上

B. 风窗玻璃清洗液的液面过低时，应添加专用清洗液

C. 风窗玻璃清洗液的液面应在Min之下

D. 风窗玻璃清洗液的液面过低时，应添加清洁的自来水

36. 以下有关风窗玻璃清洗液的说法错误的是（ ）。

A. 风窗玻璃清洗液的液面应在Max与Min之间

B. 风窗玻璃清洗液的液面过低时，应添加专用清洗液

C. 每次开刮水器前都必须喷风窗玻璃清洗液

D. 风窗玻璃清洗液的液面过低时，应添加清洁的自来水

37. 以下有关仪表照明灯的说法错误的是（ ）。

A. 仪表照明灯的亮度可以用仪表照明灯的调节按钮来调节

B. 目前大部分汽车仪表照明灯的亮度不可调节

C. 有些车型的仪表采用发光二极管照明

D. 调整仪表照明灯的调节按钮至最大位置时，仪表照明灯应保持最大亮度

38. 以下有关燃油表的说法正确的是（ ）。

A. 桑塔纳轿车燃油箱油满时打开点火开关，燃油表指针应保持在原位不动

B. 桑塔纳轿车关闭点火开关，燃油表指针应回零

C. 桑塔纳轿车关闭点火开关，燃油表指针应指示在最高位置

D. 燃油表指示不正确肯定是因为燃油位置传感器故障

39. 以下有关燃油表的说法正确的是（　　）。

A. 桑塔纳轿车燃油箱油满时打开点火开关，燃油表指针应保持在原位不动

B. 桑塔纳轿车关闭点火开关，燃油表指针应指示在最低位置

C. 桑塔纳轿车关闭点火开关，燃油表指针应指示在最高位置

D. 其他选项说法全错

40. 以下有关充电指示灯的说法错误的是（　　）。

A. 充电指示灯在发动机启动后应立即熄灭

B. 打开点火开关，充电指示灯应点亮

C. 发动机启动后充电指示灯微亮是不正常的

D. 发动机启动后充电指示灯间歇点亮是正常的

41. 以下有关充电指示灯的说法正确的是（　　）。

A. 充电指示灯指示发电机的充电电流

B. 打开点火开关，充电指示灯应熄灭

C. 发动机启动后充电指示灯微亮是正常的

D. 发动机启动后充电指示灯间歇点亮是正常的

42. 以下有关机油压力仪表指示灯的说法正确的是（　　）。

A. 打开点火开关，机油压力仪表指示灯应点亮

B. 发动机启动后机油压力仪表指示灯微亮是正常的

C. 发动机启动后机油压力仪表指示灯间歇点亮是正常的

D. 发动机启动后机油压力仪表指示灯应点亮

43. 以下说法错误的是（　　）。

A. 打开点火开关，机油压力仪表指示灯应点亮

B. 发动机启动后机油压力仪表指示灯点亮可能是因为机油泵进油口阻塞

C. 发动机启动后机油压力仪表指示灯间歇点亮是正常的

D. 发动机启动后机油压力仪表指示灯点亮可能是因为缺机油

44. 桑塔纳轿车转向信号灯灯泡规格通常为（　　）。

A. 12 V 21 W　　B. 12 V 5 W　　C. 24 V 21 W　　D. 24 V 5 W

45. 桑塔纳轿车远光灯灯泡规格通常为（　　）。

A. 12 V 21 W　　B. 12 V 55 W　　C. 24 V 21 W　　D. 24 V 5 W

46. 以下有关近光灯和远光灯的说法正确的是（　　）。

A. 近光灯和远光灯照射的区域是相同的

B. 桑塔纳轿车远光灯灯泡规格通常为 12 V 55 W

C. 桑塔纳轿车远光灯灯泡规格通常为 24 V 21 W

D. 桑塔纳轿车远光灯灯泡规格通常为 24 V 5 W

47. 桑塔纳轿车雾灯灯泡规格通常为（　　）。

A. 12 V 21 W　　B. 12 V 55 W　　C. 24 V 21 W　　D. 24 V 5 W

48. 以下有关雾灯的说法正确的是（　　）。

A. 只有在打开小灯的情况下，才能打开雾灯

B. 桑塔纳轿车雾灯灯泡规格通常为 12 V 5 W

C. 桑塔纳轿车远光灯灯泡规格通常为 24 V 21 W

D. 桑塔纳轿车远光灯灯泡规格通常为 24 V 5 W

49. 轿车小灯的灯泡规格通常为（　　）。

A. 12 V 21 W　　B. 12 V 5 W　　C. 24 V 21 W　　D. 24 V 5 W

50. 桑塔纳轿车发动机启动后打开空调 A/C 时，鼓风机应（　　）运转。

A. 自动以一挡　　B. 自动以二挡　　C. 自动以三挡　　D. 不

51. 以下有关桑塔纳轿车空调及鼓风机的说法错误的是（　　）。

A. 桑塔纳轿车发动机启动后打开空调时，A/C 灯不亮是正常的

B. 桑塔纳轿车发动机启动后打开空调 A/C 时，鼓风机应自动以一挡运转

C. 桑塔纳轿车鼓风机电阻烧毁时不影响四挡运转

D. 桑塔纳轿车发动机启动后打开空调时，A/C 灯应该点亮

52. 制动灯的灯泡规格一般为（　）。

A. 12 V 21 W　B. 12 V 5 W　C. 24 V 21 W　D. 24 V 5 W

53. 以下有关制动灯的说法正确的是（　）。

A. 制动灯的灯泡规格一般为 12 V 5 W

B. 有一个制动灯的灯泡不亮肯定是熔丝烧毁造成的

C. 有一个制动灯的灯泡不亮肯定不是熔丝烧毁造成的

D. 有一个制动灯的灯泡不亮肯定是制动开关烧毁造成的

54. 以下有关刮水系统的说法正确的是（　）。

A. 在检查刮水系统时，若刮水器橡胶有损伤，应及时更换

B. 一般规定刮水器每五年更换一次

C. 刮水系统有故障不影响行车安全

D. 在检查刮水系统时发现只有快速挡肯定是熔丝烧毁造成的

55. 以下有关刮水系统的说法错误的是（　）。

A. 在检查刮水系统时，若刮水器橡胶有损伤，应及时更换

B. 风窗玻璃清洗液的液面过低时，应添加专用清洗液

C. 刮水系统有故障影响雨天行车安全

D. 在检查刮水系统时发现只有快速挡肯定是熔丝烧毁造成的

56. 有关汽车保养后检查音响系统的内容错误的是（　）。

A. 电台设定　B. 时间设定

C. 音量设定最大位置　D. 天线检查

57. 以下有关汽车音响系统的说法正确的是（　）。

A. 一般情况下，关闭点火开关，汽车的音响系统应自动关闭

B. 一般情况下，关闭点火开关，汽车的音响系统应手动关闭

C. 大部分车型汽车的音响系统背面没有熔丝

D. 一般情况下，关闭点火开关，汽车的音响系统应正常工作

58. 以下有关电动门窗的说法正确的是（　）。

A. 电动门窗上升速度过慢时可以在车窗玻璃的密封滑槽内喷入机油来解决

B. 电动门窗上升速度过慢时可以在车窗玻璃的密封滑槽内喷入肥皂水来解决

C. 电动门窗上升速度过慢时可以在车窗玻璃的密封滑槽内喷入松锈剂来解决

D. 电动门窗上升速度过慢时不可以在车窗玻璃的密封滑槽内喷入任何润滑油来解决

59. 电动门窗上升速度过慢时（　　）。

A. 可以在车窗玻璃的密封滑槽内喷入机油来解决

B. 可以在车窗玻璃的密封滑槽内喷入肥皂水来解决

C. 可以在车窗玻璃的密封滑槽内喷入松锈剂来解决

D. 应检查故障原因并排除

60. 将车辆用两柱举升机举起，转动两个前车轮，目视检查防尘罩固定处是否牢靠，有无（　　），球头座处有无磕碰、变形、裂纹。

A. 老化　　B. 裂纹　　C. 破损或漏油　　D. 其他选项全对

61. 将车辆用两柱举升机举起，转动两个前车轮，目视检查防尘罩固定处是否牢靠，有无老化、裂纹、破损或漏油，球头座处有无（　　）。

A. 磕碰　　B. 变形　　C. 裂纹　　D. 其他选项全对

62. 转向球头防尘套（　　）。

A. 有轻微开裂应视为正常　　B. 有轻微开裂不必更换

C. 有轻微开裂影响不大　　D. 有轻微开裂应及时更换

63. 转向球头防尘套损坏（　　）。

A. 影响不大　　B. 不必更换

C. 可以添加润滑油解决　　D. 必须更换

64. 转向齿条的防尘套损坏（　　）。

A. 影响不大　　B. 不必更换

C. 可以添加润滑油解决　　D. 其他选项都错

65. 转向齿条的防尘套损坏（　　）。

A. 对转向机构影响不大，不必更换　　B. 必须更换

C. 影响不大　　D. 不必更换，可以添加润滑油解决

66. 稳定杆球头防尘套损坏（　　）。

A. 不必更换　　B. 影响不大

C. 可以添加润滑油解决　　D. 应及时更换

67. 稳定杆球头防尘套损坏（　　）。

A. 影响不大　　B. 必须更换

C. 只需在球头内稍加润滑脂即可　　D. 不必更换

68. 三角臂球头防尘套损坏（　　）。

A. 影响不大　　B. 不必更换

C. 只需稍加润滑脂即可　　D. 应及时更换

69. 三角臂球头防尘套损坏（　　）。

A. 只需在球头内稍加润滑脂即可　　B. 影响不大

C. 不必更换　　D. 必须更换

70. 连接杆球头防尘套损坏（　　）。

A. 不必更换　　B. 影响不大　　C. 没有影响　　D. 应及时更换

71. 连接杆球头防尘套损坏（　　）。

A. 只需在球头内稍加润滑脂即可　　B. 不必更换

C. 影响不大　　D. 必须更换

72. 以下有关盘式制动活塞上的橡胶圈（油封）作用的说法错误的是（　　）。

A. 自动调整制动摩擦片与制动盘间隙

B. 密封作用

C. 使盘式制动活塞回位

D. 定位作用

73. 桑塔纳 2000 系列轿车前轮制动器摩擦片厚度为（　　）mm。

A. 20　　B. 8　　C. 10　　D. 14

74. 下列不是制动鼓失圆或者不规则的原因的是（　　）。

A. 在制动鼓过热的情况下施加驻车制动

B. 拧紧车轮螺母的力矩不正确

C. 紧固车轮螺母的顺序不正确

D. 踩踏制动踏板的力过大

75. 桑塔纳 2000 系列轿车后制动器摩擦片磨损极限为（　　）mm。

A. 4　　B. 5　　C. 2. 5　　D. 14

76. 在检查盘式制动器时发现制动液面过低。甲技师认为只有液压管路泄漏才会引起此现象。乙技师认为也可能是制动蹄片磨损引起的。显然（　　）。

A. 乙技师正确　　B. 甲技师正确　　C. 两者都对　　D. 两者都错

77. 转向盘保持在止动位置过长的时间，以下说法错误的是（　　）。

A. 可能会损坏转向泵

B. 可能造成转向系损坏

C. 可能会损坏液压油管

D. 只要转向系统的液面正常，这样做是允许的

78. 转向系统的油液（　　）。

A. 可随意添加　　B. 不必考虑牌号要求

C. 一定要加满　　D. 必须按要求添加

79. 在进行发动机清洗作业时，甲认为不采取任何措施而是直接用高压水枪进行冲洗，乙认为直接用高压水枪进行冲洗时水压可以低一点。（　　）。

A. 甲的说法对　　B. 乙的说法错

C. 甲乙都错　　D. 甲乙都对

80. 有液压挺杆气门机构的发动机，若（　　），可造成气门脚异响。

A. 机油压力过低　　B. 机油压力过高

C. 机油过多　　D. 水温过低

81. 检查蓄电池液位时（　　）。

A. 可以用打火机照明

B. 可以明火照明

C. 拆蓄电池电极时应先拆下正极极柱

D. 应使用工作灯

82. 当所有火花塞呈现灰白色泽时，说明空气和燃油混合气（　　）。

A. 过浓　　B. 过稀　　C. 极浓　　D. 正常

83. 更换新火花塞时错误的做法是（　　）。

A. 清洁火花塞周围灰尘后拆下火花塞

B. 检查新火花塞电极间隙是否正确

C. 按规定力矩拧紧火花塞

D. 如果拆检一缸火花塞正常，则不必检查其他火花塞

84. 以下有关更换空气滤清器的说法错误的是（　　）。

A. 拆下空气滤清器后，应清洁其内部

B. 新的空气滤清器滤芯应安装到位

C. 用吹枪清洁空气滤清器时气流应该向与空气滤清器进气相反的方向吹过

D. 不要清洁空气滤清器外部

85. 以下有关清理空调冷凝器和散热器的说法正确的是（　　）。

A. 用高压水枪冲洗冷凝器外部可能损坏散热片

B. 用高压水枪冲洗冷凝器外部不会损坏散热片

C. 无须清洗冷凝器外部

D. 每5年清洗一次冷凝器外部

86. 对轮胎磨损影响最大的因素是（　　）。

A. 主销后倾角　　B. 推力角　　C. 车轮前束　　D. 转向轴线内倾角

87. 在检查汽车的车轮螺栓时（　　）。

A. 目测就能判断螺栓是否紧固

B. 应该用扭力扳手检查、判断螺栓是否紧固

C. 用脚踢就能判断螺栓是否紧固

D. 用手摸就能判断螺栓是否紧固

88. 以下说法错误的是（　　）。

A. 子午线轮胎换位一般要求前后换位

B. 子午线轮胎换位要求不改变轮胎的旋转方向

C. 子午线轮胎一般不能左右换位

D. 子午线轮胎可以任意换位

89. 以下有关润滑脂的说法正确的是（　　）。

A. 为了方便发动机冷却系统的水管安装在其内壁可涂少许润滑脂

B. 钢板弹簧处于极压条件下应选用钙基润滑脂

C. 为保护蓄电池接线柱，可以涂少许机油

D. 为保护蓄电池接线柱，应涂黄油，但必须少量

90. 为了保证车辆行驶平稳舒适、操纵自如、性能稳定并使离合器具有较长的使用寿命，通常要求离合器必须满足以下要求：（　　）。

A. 分离彻底，接合柔和　　B. 从动部分的转动惯量小

C. 散热良好，调整、维修方便　　D. 其他选项都对

91. 有关离合器踏板自由行程的说法正确的是（　　）。

A. 桑塔纳轿车一级维护中离合器踏板自由行程为 10～20 mm

B. 当汽车行驶一定里程后，无须检查和调整离合器踏板自由行程

C. 随着汽车行驶里程的增加，从动盘摩擦片磨损量逐渐加大，离合器踏板自由行程逐渐减小

D. 随着汽车行驶里程的增加，从动盘摩擦片磨损量逐渐加大，离合器踏板自由行程逐渐增大

92. 制动踏板的工作行程是指（　　）。

A. 从制动踏板的顶端到踩下时踏板的底端

B. 从转向盘的顶端到制动踏板的顶端

C. 从转向盘的底端到制动踏板行程指示标记

D. 从转向盘的底端到制动踏板的顶端

93. 踩下制动踏板时感觉发软，有可能是（　　）造成的。

A. 液压系统中有空气　　B. 制动摩擦片磨损过度

C. 助力器故障　　D. 制动液面过高

94. 桑塔纳 2000 系列轿车制动盘厚度为 20 mm，磨损极限值为（　　）mm。制动盘

摩擦片表面上的圆跳动量为 0.06 mm，如果检查结果不符合规定，应更换新件。

A. 17　　B. 17.8　　C. 15　　D. 10

95. 桑塔纳轿车一级维护前轮制动摩擦片的使用极限值为（　　）mm。

A. 7　　B. 5　　C. 3　　D. 2.5

96. 桑塔纳 2000 系列轿车制动鼓内径标准应为（　　）mm。

A. 200　　B. 300　　C. 400　　D. 250

97. 桑塔纳 2000 系列轿车更换新摩擦片时，应检查制动鼓尺寸，制动鼓内径为 200 mm，磨损极限值为（　　）mm。

A. 205　　B. 201　　C. 206　　D. 250

98. 有关制动液的描述中（　　）是正确的。

A. 制动液具有防潮特性　　B. 制动液吸收水分后沸点会降低

C. 对制动液的沸点没有要求　　D. 各种制动液可以混合使用

99. 有关制动液的描述中（　　）是正确的。

A. 制动液具有防潮特性　　B. 各种制动液可以混合使用

C. 对制动液的沸点没有要求　　D. 制动液有吸水性

100. 关于刮水器，以下说法错误的是（　　）。

A. 正常的刮水片对清楚的视野是非常必要的

B. 如果天气寒冷，每当初次打开刮水器前都要检查刮水片是否被冻住

C. 点火钥匙在 ON 挡，打开风窗玻璃清洗液开关，应有液体喷出，如不能喷出，应先检查补充同规格牌号的风窗玻璃清洗液

D. 自动感应性刮水器在清洗车辆时应该打开

101. 以下说法正确的是（　　）。

A. 雨天刮水系统故障对行车安全没有影响

B. 如果天气寒冷，每当初次打开刮水器前都要检查刮水片是否被冻住

C. 刮水系统是由电动机和刮水片两部分组成的

D. 点火钥匙在 ON 挡，打开风窗玻璃清洗液开关，没有液体喷出是正常的

102. 点火钥匙在 ON 挡，打开风窗玻璃清洗液开关，听到电动机运转声但没有液体喷

出，最不可能是（　）造成的。

A. 缺风窗玻璃清洗液　　B. 喷淋电动机不工作

C. 喷孔堵塞　　D. 熔丝烧毁

103. 有关花粉滤清器的说法错误的是（　　）。

A. 花粉滤清器需及时更换，以保证空调系统运转正常，从而优化用户的驾乘环境

B. 更换花粉滤清器，应清洁集风口格栅，应用压缩空气朝与进气相反的方向吹灰尘

C. 装上花粉滤清器后应清洁干净外罩

D. 奥迪 A6L 新花粉滤清器的颜色应该是洁白的

104. 拆卸发动机时应从（　　）开始。

A. 发动机附件　B. 气缸盖　C. 气缸盖罩盖　D. 油底壳

105. 装配发动机时，应（　）分多次拧紧主轴承盖紧固螺钉。

A. 由前向后　B. 由后向前　C. 从中间向两端　D. 从两端向中间

106. 拆卸活塞连杆时，应把活塞置于（　）。

A. 下止点　B. 上止点　C. 中间位置　D. 任意位置

107. 曲轴上钻有贯穿主轴颈、曲柄和连杆轴颈的油道，且油道口均有倒角，倒角的主要作用是（　　）。

A. 防止刮伤轴瓦　　B. 防止应力集中

C. 便于润滑油中的杂质沉淀　　D. 能储存一些润滑油

108. 气门与座圈的密封带宽度应符合原设计规定，如果密封带宽度过小，将使（　）。

A. 气门烧蚀　　B. 气门磨损加剧

C. 气门杆弯曲变形　　D. 气门杆磨损

109. 关于桑塔纳 2000 系列轿车散热器盖的密封性以下说法正确的是（　）。

A. 在 1.2～1.5 bar 时限压阀必须打开

B. 在 0.6～1.0 bar 时限压阀必须打开

C. 在 0.2～1.0 bar 时限压阀必须打开

D. 在 0.6～0.9 bar 时限压阀必须打开

110. 润滑系中的机油滤清器拧紧力矩为（　　）N·m。

A. 20　　B. 30　　C. 40　　D. 350

111. 拆装汽油机燃油喷射系统的 ECU 时应（　　）。

A. 断开蓄电池负极　　B. 关闭点火开关即可

C. 打开点火开关　　D. 断开蓄电池正极

112. 拆装汽油机燃油喷射系统的 ECU 时应（　　）。

A. 在发动运转时进行　　B. 断开蓄电池正极

C. 打开点火开关　　D. 关闭点火开关，断开蓄电池负极

113. 可以用（　　）测量曲轴的端隙。

A. 塞尺　　B. 百分表　　C. 内径千分尺　　D. 扭力扳手

114. 安装气缸盖紧固螺钉应从（　　）左右交叉分多次拧紧。

A. 中央向中央　　B. 两边向两边　　C. 两边向中央　　D. 中央向两边

115. 安装气缸盖紧固螺钉应从中央向两边左右交叉至少分（　　）拧紧。

A. 三次　　B. 十次　　C. 一次　　D. 八次

116. 应该用（　　）检查活塞环槽磨损。

A. 新活塞环与塞尺　　B. 旧活塞环与塞尺

C. 旧活塞环与千分尺　　D. 百分表

117. 安装活塞环时应（　　）。

A. 将活塞环开口布置在一条线上

B. 使活塞环开口朝向活塞的主推力面

C. 按维修手册推荐方式布置活塞环开口

D. 使活塞环开口朝向活塞的最小推力面

118. 塑料测隙条用于（　　）。

A. 测量主轴承和连杆轴承的间隙　　B. 测量圆度

C. 检查轴承压紧量是否正确　　D. 密封气缸垫

119. 有关检查桑塔纳 2000 型 1.8 L 发动机活塞环的开口间隙的说法错误的是（　　）。

A. 新活塞环气环 0.2～0.4 mm　　B. 新活塞环油环 0.2～0.4 mm

C. 新活塞环气环 0.5～0.6 mm　　D. 新活塞环气环 0.6～1.0 mm

120. 有关检查桑塔纳 2000 型 1.8 LAYJ 发动机机油泵的说法错误的是（　　）。

A. 桑塔纳 2000 型机油泵带 12 bar 的泄压阀

B. 若桑塔纳 2000 型机油泵轴承及齿轮表面有划痕则应更换

C. 桑塔纳 2000 型机油泵由链条链轮驱动

D. 桑塔纳 2000 型机油泵的最高压力为 3.5 bar

121. 桑塔纳 2000 型机油泵螺栓拧紧力矩为（　　）N·m。

A. 22　　B. 40　　C. 50　　D. 35

122. 拆装正时带时以下说法正确的是（　　）。

A. 应该先标记旋转方向，以利于安装

B. 不用标记旋转方向

C. 可以用汽油清洗

D. 可以涂少许油润滑

123. 拆正时带后当转动凸轮轴时，曲轴不应该处于上止点位置，以免损坏（　　）。

A. 气门和活塞　B. 连杆　　C. 凸轮轴　　D. 曲轴

124. 活塞环开口间隙大于规定值可能会造成（　　）。

A. 发动机过热　　B. 活塞环卡滞

C. 机油消耗量过大　　D. 活塞敲缸

125. 活塞环开口间隙小于规定值可能会造成（　　）。

A. 发动机过热　　B. 活塞环卡滞

C. 机油消耗量过大　　D. 活塞敲缸

126. 活塞在制造中其头部有一定锥度，主要是因为（　　）。

A. 节省材料　　B. 可减少往复运动惯性力

C. 活塞在工作中受热膨胀不均匀　　D. 润滑可靠

127. 发动机的气缸与活塞的修理尺寸，一般每级差为（　　）mm。

A. 0.10　　B. 0.25　　C. 0.30　　D. 0.50

128. 检查气缸盖平面度误差时，（　　）测量。

A. 仅仅在长度方向　　B. 仅仅在宽度方向
C. 仅仅在对角线方向　　D. 在对角线和长度方向

129. 气缸盖平面度误差一般应小于（　　）mm。
A. 0.05　　B. 0.10　　C. 0.80　　D. 0.50

130. 离合器上安装扭转减振器是为了防止（　　）。
A. 曲轴共振　　B. 传动系共振　　C. 离合器共振　　D. 变速器共振

131. 可以用适当的（　　）清洁离合器压盘，而去除离合器从动盘摩擦片表面的微小缺陷则可以使用金刚砂布。
A. 通用酒精基溶剂　　B. 汽油
C. 香蕉水　　D. 煤油

132. 离合器盖与飞轮的接合平面的平面度公差为（　　）mm。
A. 0.01　　B. 0.10　　C. 0.30　　D. 0.50

133. 如果手动变速器换挡困难，应首先检查（　　）。
A. 同步套的动作　　B. 连接杆系及其调整
C. 分离轴承换挡拨叉　　D. 润滑油油面

134. 主减速器既能降低输入的（　　），又能使输出转矩增大。
A. 转矩　　B. 时间　　C. 动力　　D. 转速

135. 半轴齿轮装在差速器壳体（　　）并同行星齿轮啮合。
A. 一侧　　B. 两侧　　C. 外面　　D. 前面

第 4 部分

操作技能复习题

汽车使用与检查

一、百分表的使用（试题代码：1.1.2；考核时间：15 min）

1. 试题单

（1）操作条件

1）磁性表座（常用规格）。

2）百分表（0～10 mm）。

3）凸轮轴（乘用车四缸发动机）（2 个）。

4）V 形支架（常用规格）。

5）满足本考位考核要求的其他必要配置。

（2）操作内容

1）安装磁性表座和百分表。

2）测量抽取的凸轮轴的中间三道凸轮轴轴颈的跳动量。

3）将测量数据填写在答题卷的测量记录单上。

（3）操作要求

1）所有操作要求符合规范，操作应采取正确的步骤、方法。

2）百分表、磁性表座安装正确，使用得当。

3）测量数据要求误差不大于 0.01 mm。

4）在答题卷上完成测量数据填写。

5）操作完毕将设备、工具复位。

6）考生务必按编号对凸轮轴进行操作，并在答题卷上勾选抽到的凸轮轴编号。

2. 答题卷

测量记录单

凸轮轴号	①号凸轮轴（　）		②号凸轮轴（　）
	径向跳动量（mm）		
测量数据	第二道轴颈	第三道轴颈	第四道轴颈
	mm	mm	mm

说明：

（1）请根据抽到的凸轮轴编号正确勾选。

（2）请正确填写被测凸轮轴三道轴颈的径向跳动量。

3. 试题评分表

	评价要素	配分	等级	评分细则	评定等级					得分
					A	B	C	D	E	
1	安装磁性表座和百分表	10	A	安装步骤、方法正确，百分表指针垂直于被测表面						
			B	安装步骤或操作方法不规范，百分表指针垂直于被测表面						
			C	已完成安装，安装步骤或操作方法不规范，百分表指针不正确						
			D	未完成安装						
			E	未答题						
2	使用百分表测量凸轮轴轴颈跳动量	5	A	测量步骤、方法正确						
			B	测量步骤、方法有1处不规范						
			C	测量步骤、方法有2处不规范						
			D	未完成测量						
			E	未答题						

续表

评价要素		配分	等级	评分细则	评定等级					得分
					A	B	C	D	E	
3	测量数据	10	A	所有数据误差≤0.01 mm						
			B	所有数据误差≤0.02 mm						
			C	所有数据误差≤0.04 mm						
			D	所有数据误差>0.04 mm						
			E	未答题						
合计配分		25		合计得分						

等级	A（优）	B（良）	C（及格）	D（差）	E（未答题）
比值	1.0	0.8	0.6	0.2	0

“评价要素”得分＝配分×等级比值。

二、螺栓的拆卸（试题代码：1.1.3；考核时间：15 min）

1. 试题单

（1）操作条件

1）螺栓拆装支架（定制）（2个）。

2）长/短接杆、棘轮、锥子、榔头。

3）梅花扳手、套筒（8 mm、10 mm、12 mm、14 mm、17 mm规格各1个）。

4）螺钉（6 mm、8 mm规格各2个），内六角螺钉和星形螺栓。

5）满足本考位考核要求的其他必要配置。

（2）操作内容

1）拆卸支架上的内六角螺钉和星形螺栓各1个。

2）用锥子和榔头拆卸支架上的无角螺栓1个。

3）用梅花扳手将2个螺钉以15 N·m的力矩安装到支架指定位置。

（3）操作要求

1）所有操作要求符合规范，操作应采取正确的步骤、方法。

2）拆卸以及安装要求工具选用正确，使用得当，不破坏螺栓、螺钉及支架原有状况（包括支架本身、螺纹孔等）。

3）拆卸螺栓、无角螺栓均要求在 2 min 内完成。

4）安装螺钉时应按标准力矩 15 N·m 拧紧，允许力矩误差±2 N·m。

5）操作完毕将设备、工具复位。

2. 试题评分表

评价要素		配分	等级	评分细则	评定等级					得分
					A	B	C	D	E	
1	拆卸螺栓	10	A	操作步骤、方法正确；在 2 min 内完成						
			B	操作步骤、方法正确；在 3 min 内完成						
			C	已完成拆卸，操作步骤或方法不规范						
			D	不能完成拆卸						
			E	未答题						
2	拆卸无角螺栓	10	A	操作步骤、方法正确，工具使用得当；在 2 min 内拆卸，并未破坏螺孔						
			B	操作步骤、方法正确，工具使用得当；在 3 min 内拆卸，并未破坏螺孔						
			C	已完成拆卸，操作步骤、方法或工具使用不规范						
			D	不能完成拆卸						
			E	未答题						
3	以 15 N·m 安装 2 个 6 mm 螺栓	5	A	力矩与标准值的误差在±2 N·m 内						
			B	力矩与标准值的误差在±3 N·m 内						
			C	力矩与标准值的误差在±4 N·m 内						
			D	力矩与标准值的误差大于±6 N·m						
			E	未答题						
合计配分		25	合计得分							

等级	A（优）	B（良）	C（及格）	D（较差）	E（未答题）
比值	1.0	0.8	0.6	0.2	0

“评价要素”得分＝配分×等级比值。

三、数字万用表的使用（试题代码：1.1.4；考核时间：15 min）

1. 试题单

（1）操作条件

1）水温传感器（2.5～4.5 kΩ）（4个）。

2）干电池（9 V、1.5 V）（4个）。

3）数字万用表（常用规格）。

4）满足本考位考核要求的其他必要配置。

（2）操作内容

1）测量水温传感器电阻值（共2个）。

2）测量干电池电压值（共2个）。

3）完成测量数据记录。

（3）操作要求

1）所有操作要求符合规范，操作应采取正确的步骤、方法。

2）正确使用数字万用表测量水温传感器电阻值，误差在100 Ω以内。

3）正确使用数字万用表测量干电池的电压，误差在0.1 V以内。

4）在答题卷上完成测量数据填写。

5）操作完毕将设备、工具复位。

6）考生务必在答题卷上按抽选的2个干电池及2个水温传感器的对应编号栏目内填写测量数据。

2. 试题评分表

	评价要素	配分	等级	评分细则	评定等级					得分
					A	B	C	D	E	
1	测量水温传感器电阻（2个）	10	A	操作全部正确，误差≤100 Ω						
			B	操作全部正确，误差≤200 Ω						
			C	误差≤300 Ω						
			D	未完成测量						
			E	未答题						
2	测量干电池电压（2个）	15	A	操作全部正确，误差≤0.1 V						
			B	操作全部正确，误差≤0.2 V						
			C	操作未出现原则性错误，误差≤0.3 V						
			D	未完成测量						
			E	未答题						
	合计配分	25		合计得分						

等级	A（优）	B（良）	C（及格）	D（较差）	E（未答题）
比值	1.0	0.8	0.6	0.2	0

“评价要素”得分＝配分×等级比值。

四、平面的测量（试题代码：1.1.5；考核时间：15 min）

1. 试题单

（1）操作条件

1）气缸盖（乘用车四缸发动机）（2个）。

2）塞尺（50 mm）。

3）刀口尺（80 mm）。

4）砂纸、化油器清洗剂、擦拭布。

5）满足本考位考核要求的其他必要配置。

（2）操作内容

1）检查气缸盖平面和测量工具。

2）在抽选的缸盖上，按图示 6 个位置（横向、纵向、对角各 2 个）测量气缸盖平面度，各位置上测量漏光点（漏光点数量根据实际情况确定）。

3）完成所有测量数据记录。

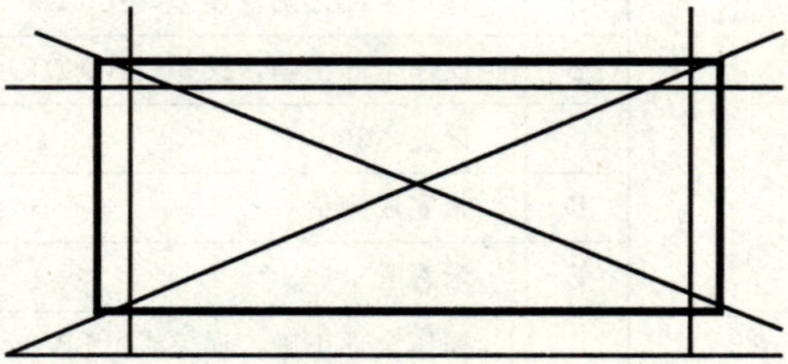

（3）操作要求

1）所有操作要求符合规范，操作应采取正确的步骤、方法。

2）测量工具选用合理，测量数据误差小于 0.01 mm。

3）缸盖 6 位置线的漏光点由考生测量确定后再按实际漏光点测量，测量值如果小于 0.02 mm，则直接按 0.02 mm 计。

4）在答题卷上完成测量数据填写。

5）操作完毕将设备、工具复位。

2. 答题卷

测量记录单

气缸盖号		①号气缸盖（　）		②号气缸盖（　）	
测量位置		漏光点 1	漏光点 2	漏光点 3	漏光点 4
测量数据	纵向 1	（mm）	（mm）	（mm）	（mm）
	纵向 2	（mm）	（mm）	（mm）	（mm）
	横向 1	（mm）	（mm）	（mm）	（mm）
	横向 2	（mm）	（mm）	（mm）	（mm）
	对角线 1	（mm）	（mm）	（mm）	（mm）
	对角线 2	（mm）	（mm）	（mm）	（mm）

说明：

（1）漏光点（测量点）个数通过操作判断。

（2）测量值如果由于小于 0.02 mm 而测不出来，表内值可以填写小于 0.02 mm。

（3）有漏光点的栏内必须填写测量值，没有漏光点的栏内应以“/”表示。

（4）勾选抽到的气缸盖编号。

3. 试题评分表

	评价要素	配分	等级	评分细则	评定等级 A	B	C	D	E	得分
1	测量气缸盖平面度	15	A	测量部位正确，量具使用完全符合操作规范						
			B	测量部位或量具使用有 1 处不符合操作规范						
			C	已完成测量过程，但测量部位或量具使用有超过 1 处不符合规范						
			D	未完成测量过程						
			E	未答题						
2	测量数据	10	A	所有测量数据误差≤0.01 mm						
			B	所有测量数据误差≤0.02 mm						
			C	所有测量数据误差≤0.03 mm						
			D	所有测量数据误差>0.03 mm						
			E	未答题						
	合计配分	25		合计得分						

等级	A（优）	B（良）	C（及格）	D（较差）	E（未答题）
比值	1.0	0.8	0.6	0.2	0

“评价要素”得分＝配分×等级比值。

五、继电器和熔断丝的检查（试题代码：1.2.1；考核时间：15 min）

1. 试题单

（1）操作条件

1）电喷发动机台架（至少有燃油泵、EFI 继电器和熔断丝盒）。

2）万用表（常用规格）。

3）连接线（测试继电器用，定制）（2 根）。

4）满足本考位考核要求的其他必要配置。

（2）操作内容

1）检查发动机台架上指定继电器的性能。

2）检查发动机台架上指定熔断丝的性能。

3）在答题卷上完成检查记录单的填写。

（3）操作要求

1）所有操作要求符合规范，操作应采取正确的步骤、方法。

2）采用“静态”和“动态”两种方法检查继电器的性能，判断性能好坏。

3）采用“取下”和“在线”两种方法检查熔断丝的性能，判断性能好坏。

4）在答题卷上填写检查记录单。

5）操作完毕将设备、工具复位。

2. 答题卷

检查记录单

检查项目	检查结果	检查项目	检查结果
燃油泵继电器	（ ）好 （ ）坏	燃油泵熔断丝	（ ）好 （ ）坏
灯光继电器	（ ）好 （ ）坏	前照灯熔断丝	（ ）好 （ ）坏
点火开关继电器	（ ）好 （ ）坏	发电机熔断丝	（ ）好 （ ）坏
EFI继电器	（ ）好 （ ）坏	EFI熔断丝	（ ）好 （ ）坏

说明：

请考生务必对应检查项目填写检查结果。

3. 试题评分表

	评价要素	配分	等级	评分细则	评定等级					得分
					A	B	C	D	E	
1	检查发动机所有继电器的性能	15	A	检查结果正确，采用“静态”“动态”两种方法，操作过程正确						
			B	检查结果正确，采用了两种方法，操作过程有一处不符合规范						
			C	检查结果正确，只操作两种方法之一，操作过程正确						
			D	检查结果不正确						
			E	未答题						

续表

评价要素		配分	等级	评分细则	评定等级					得分
					A	B	C	D	E	
2	检查发动机所有熔断丝的性能	10	A	检查结果正确，采用“静态”“动态”两种方法，操作过程正确						
			B	检查结果正确，采用了两种方法，操作过程有一处不符合规范						
			C	检查结果正确，只操作两种方法之一，操作过程正确						
			D	检查结果不正确						
			E	未答题						
合计配分		25	合计得分							

等级	A（优）	B（良）	C（及格）	D（较差）	E（未答题）
比值	1.0	0.8	0.6	0.2	0

“评价要素”得分＝配分×等级比值。

六、ATF 液位检查与添加（试题代码：1.2.2；考核时间：15 min）

1. 试题单

(1) 操作条件

1）整车（配自动变速器的乘用车）。

2）ATF（4 桶常用规格，其中 1 桶适用考试用车）。

3）防护三件套、翼子板布和前格栅布（常用规格）。

4）排放收集装置（常用规格）。

5）清洁用具（常用规格）。

6）满足本考位考核要求的其他必要配置。

(2) 操作内容

1）举升车辆。

2）启动发动机运行至正常工作温度。

3）使自动变速器在不同挡位运行。

4）检查 ATF 液位并按需添加 ATF。

5）排放规定量的 ATF。

（3）操作要求

1）所有操作要求符合规范，操作应采取正确的步骤、方法。

2）举升步骤规范，操作安全，支承点选择合理。

3）检查液位须规范运行发动机和自动变速器各排挡，口述 ATF 状况。

4）ATF 添加量符合本车标准要求。

5）ATF 添加完毕经确认后排出部分 ATF 至指定排放收集装置内，并妥善安置整车正常状态。

6）操作完毕将设备、工具复位。

2. 试题评分表

评价要素	配分	等级	评分细则	评定等级					得分
				A	B	C	D	E	
ATF 液位检查 （要求运行发动机，油温达标准值，调变速器各挡运行）	10	A	检查结果、步骤、方法正确，油温达到标准值						
		B	检查结果正确，步骤、方法或油温有 1 处不规范						
		C	检查结果正确，步骤、方法或油温有 2 处不规范						
		D	检查结果不正确，步骤、方法或油温错误						
		E	未答题						
ATF 液位添加	10	A	ATF 加注量符合标准，操作步骤、方法正确						
		B	ATF 加注量符合标准，操作步骤、方法有 1 处不规范						
		C	加注已完成，ATF 加注量符合标准或操作步骤、方法有 2 处不规范						
		D	未完成加注，ATF 加注量不符合标准，操作步骤、方法错误						
		E	未答题						

续表

评价要素	配分	等级	评分细则	评定等级					得分
				A	B	C	D	E	
举升车辆，排放油液及妥善后处理	5	A	举升规范，支承点选择合理，排放油液正确，整车还原规范						
		B	已全部完成，操作过程有 1 处不规范						
		C	已全部完成，操作过程有 2 处不规范						
		D	未完成作业，操作过程错误						
		E	未答题						
合计配分	25	合计得分							

等级	A（优）	B（良）	C（及格）	D（较差）	E（未答题）
比值	1.0	0.8	0.6	0.2	0

“评价要素”得分＝配分×等级比值。

七、汽车灯光的检查（试题代码：1.2.3；考核时间：15 min）

1. 试题单

（1）操作条件

1）整车（乘用车，灯光系统完整，可设置任意灯光故障）。

2）三角垫块（常用规格）。

3）防护三件套、翼子板垫和前格栅垫（常用规格）。

4）满足本考位考核要求的其他必要配置。

（2）操作内容

1）安装三件套。

2）检查前后照明、警示灯工作性能。

3）检查仪表指示灯工作情况。

4）完成答题卷。

5）清除三件套。

（3）操作要求

1）所有操作要求符合规范，操作应采取正确的步骤、方法。

2）灯光检查中对制动灯的检查可要求考评员配合。

3）在答题卷上完成检查记录单的填写。

4）操作完毕将设备、工具复位。

2. 答题卷

检查记录单

编号	检查项目	检查结果	
1	左前照灯	好（　）	坏（　）
2	右前照灯	好（　）	坏（　）
3	制动灯	好（　）	坏（　）
4	右转向信号灯	好（　）	坏（　）
5	左转向信号灯	好（　）	坏（　）
6	牌照灯	好（　）	坏（　）
7	左小灯	好（　）	坏（　）
8	右小灯	好（　）	坏（　）
9	前雾灯	好（　）	坏（　）
10	后雾灯	好（　）	坏（　）
11	门灯	好（　）	坏（　）
12	阅读灯	好（　）	坏（　）

说明：在检查结果栏内勾选恰当选项。

3. 试题评分表

评价要素		配分	等级	评分细则	评定等级					得分
					A	B	C	D	E	
1	使用三件套	5	A	规范安装三件套，完成后清除						
			B	三件套已安装，未按规范安装到位						
			C	三件套已安装，完成后未清除						
			D	未安装三件套						
			E	未答题						

续表

评价要素		配分	等级	评分细则	评定等级					得分
					A	B	C	D	E	
2	检查前后照明、警示灯、仪表指示灯等	10	A	操作步骤、方法完全正确，无漏项						
			B	操作步骤、方法完全正确，漏项1处						
			C	操作步骤、方法完全正确，漏项2处						
			D	操作步骤、方法不正确或漏项2处以上						
			E	未答题						
3	检查结果	10	A	检查结果完全正确						
			B	检查结果错误1处						
			C	检查结果错误2处						
			D	检查结果错误2处以上						
			E	未答题						
合计配分		25	合计得分							

等级	A（优）	B（良）	C（及格）	D（较差）	E（未答题）
比值	1.0	0.8	0.6	0.2	0

“评价要素”得分＝配分×等级比值。

八、车内设备的检查（试题代码：1.2.4；考核时间：15 min）

1. 试题单

（1）操作条件

1）整车（乘用车）。

2）三角垫块（常用规格）。

3）防护三件套、翼子板垫和前格栅垫（常用规格）。

4）满足本考位考核要求的其他必要配置。

（2）操作内容

1）检查车内设备（安全带、座椅、摇窗机、风窗玻璃清洗液喷淋装置、电动后视镜）

的工作性能。

2）调整座椅。

3）调整反光镜、后视镜。

（3）操作要求

1）所有操作要求符合规范，操作应采取正确的步骤、方法。

2）检查规定的所有项目，不得漏项。

3）调整驾驶员座椅：要求先调整到座椅高度最高、位置最后、后背倾角最大，然后按自身调整驾驶员座椅至合适或中间状态；其他座椅要求都完整调节一遍。

4）检查各安全带、电控摇窗机构、风窗玻璃清洗液喷淋装置，要求按规范步骤、方法完成，并口述检查结果。

5）调整反光镜、后视镜：要求先调至偏离正常状态，然后调整至合适。

6）操作完毕将设备、工具复位。

2. 试题评分表

评价要素		配分	等级	评分细则	评定等级					得分
					A	B	C	D	E	
1	检查车内设备	10	A	检查项目齐全，步骤、方法正确						
			B	步骤、方法正确，检查项目有1处漏项						
			C	步骤、方法正确，检查项目有2处漏项						
			D	步骤方法不正确或检查项目有超过2处漏项						
			E	未答题						
2	调整座椅 （驾驶员座椅必须先调整到最大位置，然后调整到合适位置，其他座椅应从最大位置至最小位置调节一遍）	10	A	各座椅调整过程完整，结果合理，操作步骤、方法正确						
			B	各座椅调整过程完整，结果合理，步骤、方法不规范						
			C	各座椅调整过程基本完成						
			D	未能完成各座椅的调整						
			E	未答题						

续表

评价要素		配分	等级	评分细则	评定等级					得分
					A	B	C	D	E	
3	调整反光镜、后视镜	5	A	调整过程完整，结果合理，操作步骤、方法正确						
			B	调整过程完整，结果合理，步骤、方法不规范						
			C	调整过程基本完成						
			D	未能完成调整						
			E	未答题						
合计配分		25	合计得分							

等级	A（优）	B（良）	C（及格）	D（较差）	E（未答题）
比值	1.0	0.8	0.6	0.2	0

“评价要素”得分＝配分×等级比值。

九、空调基本检查（试题代码：1.2.5；考核时间：15 min）

1. 试题单

（1）操作条件

1）空调实物台架（乘用车规格，可正常运转，可设置故障）。

2）温度计（0～40℃）。

3）满足本考位考核要求的其他必要配置。

（2）操作内容

1）检查空调所有操纵机构及空调工作性能。

2）按设定的使用状态设置空调（制冷效果设置为“制冷”，鼓风机挡位设置为“最小”，出风模式设置为“风窗玻璃和脸部”，前排出风口对准驾驶员脸部，循环模式设置为“内循环”）。

3）完成检查记录表。

（3）操作要求

1）所有操作要求符合规范，操作应采取正确的步骤、方法。

2）在答题卷上完成检查记录表填写。

3）操作完毕将设备、工具复位。

2. 答题卷

检查记录单

编号	检查项目	检查结果	
1	压缩机	正常（　　）	不正常（　　）
2	鼓风机	鼓风机 1 挡不工作（　　） 鼓风机 2 挡不工作（　　） 鼓风机 3 挡不工作（　　）	
3	左出风口	正常（　　）	故障（　　）
4	右出风口	正常（　　）	故障（　　）
5	中间出风口	正常（　　）	故障（　　）
6	风窗玻璃出风口	正常（　　）	故障（　　）
7	脚部出风口	正常（　　）	故障（　　）
8	A/C 开关	正常（　　）	故障（　　）
9	内外循环	正常（　　）	故障（　　）
10	制冷效果	正常（　　）	制冷不足（　　）

说明：在各检查结果栏内勾选正确选项。

3. 试题评分表

评价要素		配分	等级	评分细则	评定等级					得分
					A	B	C	D	E	
1	空调检查操作	10	A	检查步骤、方法正确，检查项目无漏项						
			B	检查步骤、方法正确，检查项目有 1 处漏项						
			C	检查步骤、方法正确，检查项目有 2 处漏项						
			D	检查步骤、方法不正确或检查项目有 2 处以上漏项						
			E	未答题						

续表

评价要素		配分	等级	评分细则	评定等级					得分
					A	B	C	D	E	
2	检查结果	10	A	检查结果全部正确						
			B	检查结果错 1 项						
			C	检查结果错 2 项						
			D	检查结果错 2 项以上						
			E	未答题						
3	按设定的使用状态设置空调	5	A	操作步骤、方法正确，状态设置全部正确						
			B	操作步骤、方法正确，状态设置有 1 处不正确						
			C	操作步骤、方法正确，状态设置有 2 处不正确						
			D	操作步骤、方法不正确或状态设置有 2 处以上不正确						
			E	未答题						
合计配分		25		合计得分						

等级	A（优）	B（良）	C（及格）	D（较差）	E（未答题）
比值	1.0	0.8	0.6	0.2	0

“评价要素”得分＝配分×等级比值。

汽车一级维护

一、更换火花塞（试题代码：2.1.2；考核时间：15 min）

1. 试题单

（1）操作条件

1）电喷发动机台架（乘用车常用规格，定制，已拆下火花塞）。

2）火花塞（与发动机配套）（5个）。

3）火花塞套筒（与火花塞配套）。

4）组套工具。

5）满足本考位考核要求的其他必要配置。

（2）操作内容

1）安装全部火花塞（火花塞由当场抽取）。

2）检查火花塞工作性能。

3）拆卸全部火花塞。

（3）操作要求

1）所有操作要求符合规范，操作应采取正确的步骤、方法。

2）选用恰当的工具，按顺序安装火花塞，拧紧力矩符合标准。

3）启动发动机，检查火花塞工作性能并口述检查结果。

4）选用恰当的工具，按顺序拆卸发动机罩和火花塞，检查火花塞缺陷。

5）操作完毕将设备、工具复位。

2. 试题评分表

<table>
<tr><th colspan="2" rowspan="2">评价要素</th><th rowspan="2">配分</th><th rowspan="2">等级</th><th rowspan="2">评分细则</th><th colspan="5">评定等级</th><th rowspan="2">得分</th></tr>
<tr><th>A</th><th>B</th><th>C</th><th>D</th><th>E</th></tr>
<tr><td rowspan="5">1</td><td rowspan="5">安装火花塞</td><td rowspan="5">10</td><td>A</td><td>操作步骤、方法正确，拧紧力矩正确</td><td rowspan="5"></td><td rowspan="5"></td><td rowspan="5"></td><td rowspan="5"></td><td rowspan="5"></td><td rowspan="5"></td></tr>
<tr><td>B</td><td>操作步骤、方法有1处不规范，拧紧力矩正确</td></tr>
<tr><td>C</td><td>操作步骤、方法有2处不规范，拧紧力矩正确</td></tr>
<tr><td>D</td><td>操作步骤、方法有2处以上不规范或拧紧力矩不正确</td></tr>
<tr><td>E</td><td>未答题</td></tr>
</table>

续表

	评价要素	配分	等级	评分细则	评定等级					得分
					A	B	C	D	E	
2	检查火花塞工作性能	10	A	操作步骤、方法正确，检查结果正确						
			B	操作步骤、方法有1处不规范，检查结果正确						
			C	操作步骤、方法有2处不规范，检查结果正确						
			D	操作步骤、方法有2处以上不规范或检查结果不正确						
			E	未答题						
3	拆卸火花塞	5	A	操作步骤、方法正确，工具使用规范						
			B	操作步骤、方法正确，工具使用1处不规范						
			C	基本完成拆卸火花塞作业，工具使用2处不规范						
			D	无法完成拆卸火花塞或工具使用2处以上不规范						
			E	未答题						
合计配分		25		合计得分						

等级	A（优）	B（良）	C（及格）	D（较差）	E（未答题）
比值	1.0	0.8	0.6	0.2	0

“评价要素”得分＝配分×等级比值。

二、更换汽油滤清器（试题代码：2.1.3；考核时间：15 min）

1. 试题单

（1）操作条件

1）整车（乘用车）。

2）举升设备（乘用车常用规格）。

3）汽油滤清器（整车配套）。

4）组套工具。

5）擦拭布和手套（常用规格）。

6）满足本考位考核要求的其他必要配置。

（2）操作内容

1）举升车辆。

2）拆卸汽油滤清器。

3）安装汽油滤清器。

4）检查汽油滤清器安装质量。

（3）操作要求

1）所有操作要求符合规范，操作应采取正确的步骤、方法。

2）举升步骤规范，操作安全，支承点选择合理。

3）按照规定顺序拆卸、装配汽油滤清器，安装质量符合要求；正确使用排放收集装置，不得泄漏汽油至地面。

4）检查汽油滤清器工作性能并口述检查结果。

5）操作完毕将设备、工具复位。

2. 试题评分表

评价要素		配分	等级	评分细则	评定等级					得分
					A	B	C	D	E	
1	举升车辆	5	A	举升步骤规范，操作安全，支承点选择正确						
			B	举升步骤规范，操作安全，支承点选择有 1 处不规范						
			C	举升步骤规范，操作安全，支承点选择有 2 处不规范						
			D	无法举升车辆或操作不安全						
			E	未答题						

续表

评价要素		配分	等级	评分细则	评定等级					得分
					A	B	C	D	E	
2	拆卸、安装汽油滤清器	10	A	操作步骤、方法正确，安装质量符合要求						
			B	安装质量符合要求，操作步骤、方法有 1 处不规范						
			C	安装质量符合要求，操作步骤、方法有 2 处不规范						
			D	安装质量不符合要求或操作步骤、方法有 2 处以上不正确						
			E	未答题						
3	检查汽油滤清器安装质量	10	A	操作过程正确，符合安全操作规范						
			B	符合安全操作规范，操作过程有 1 处不规范						
			C	符合安全操作规范，操作过程有 2 处不规范						
			D	不符合安全操作规范或操作过程有 2 处以上不正确						
			E	未答题						
合计配分		25		合计得分						

等级	A（优）	B（良）	C（及格）	D（较差）	E（未答题）
比值	1.0	0.8	0.6	0.2	0

“评价要素”得分＝配分×等级比值。

三、蓄电池的检查与更换（试题代码：2.1.4；考核时间：15 min）

1. 试题单

（1）操作条件

1）电喷发动机台架（乘用车，拆下蓄电池）。

2）蓄电池（发动机配套）（2个）。

3）密度计（常用规格）。

4）数字万用表（常用规格）。

5）组套工具。

6）满足本考位考核要求的其他必要配置。

（2）操作内容

1）安装蓄电池（按抽取到的蓄电池操作）。

2）检查蓄电池工作性能。

3）拆卸蓄电池。

（3）操作要求

1）所有操作要求符合规范，操作应采取正确的步骤、方法。

2）按规定顺序安装、检查、拆卸蓄电池，工具使用得当。

3）检查蓄电池安装情况、电解液密度、通气孔。启动发动机后检查蓄电池充电电压。口述检查结果。

4）操作完毕将设备、工具复位。

2. 试题评分表

评价要素		配分	等级	评分细则	评定等级					得分
					A	B	C	D	E	
1	安装及拆卸蓄电池	15	A	操作步骤、方法正确，工具使用得当，符合安全操作规范						
			B	符合安全操作规范，操作步骤、方法有1处不规范						
			C	符合安全操作规范，操作步骤、方法有2处不规范						
			D	不符合安全操作规范或操作步骤、方法错误						
			E	未答题						

续表

评价要素		配分	等级	评分细则	评定等级					得分
					A	B	C	D	E	
2	检查蓄电池工作性能	10	A	结果判断正确，操作步骤、方法正确						
			B	结果判断正确，操作步骤、方法有 1 处不规范						
			C	结果判断正确，操作步骤、方法有 2 处不规范						
			D	结果判断不正确，操作步骤、方法错误						
			E	未答题						
合计配分		25	合计得分							

等级	A（优）	B（良）	C（及格）	D（差）	E（未答题）
比值	1.0	0.8	0.6	0.2	0

“评价要素”得分＝配分×等级比值。

四、更换发电机和空调传动带（试题代码：2.1.5；考核时间：15 min）

1. 试题单

（1）操作条件

1）电喷发动机实物台架（乘用车，带传动带）。

2）传动带（发动机配套）。

3）张力计（常用规格）。

4）组套工具。

5）满足本考位考核要求的其他必要配置。

（2）操作内容

1）更换传动带。

2）检查并调整传动带。

（3）操作要求

1）所有操作要求符合规范，操作应采取正确的步骤、方法。

2）按规定顺序更换传动带，工具使用得当，张紧度符合标准。

3）启动发动机，检查传动带是否有打滑现象，是否有异响，并进行调整。

4）操作完毕将设备、工具复位

2. 试题评分表

评价要素		配分	等级	评分细则	评定等级					得分
					A	B	C	D	E	
1	更换传动带	15	A	操作步骤、方法正确，工具使用规范						
			B	操作步骤、方法或工具使用有1处不规范						
			C	操作步骤、方法或工具使用有2处不规范						
			D	操作步骤、方法或工具使用错误或无法完成更换						
			E	未答题						
2	检查与调整	5	A	操作步骤、方法正确						
			B	操作步骤、方法有1处不规范						
			C	操作步骤、方法有2处不规范						
			D	操作步骤、方法错误或无法完成检查与调整						
			E	未答题						
3	更换质量	5	A	传动带无偏斜，无打滑现象，无异响，张紧度符合标准						
			B	传动带更换质量有1处不符合标准						
			C	传动带更换质量有2处不符合标准						
			D	传动带更换质量有2处以上不符合标准或无法完成更换						
			E	未答题						
合计配分		25	合计得分							

等级	A（优）	B（良）	C（及格）	D（较差）	E（未答题）
比值	1.0	0.8	0.6	0.2	0

“评价要素”得分＝配分×等级比值。

五、轮胎换位（试题代码：2.2.1；考核时间：15 min）

1. 试题单

（1）操作条件

1）整车（乘用车）。

2）举升设备（乘用车用规格）。

3）轮胎扳手、轮胎气门芯扳手、气动工具等（常用规格）。

4）轮胎气压表（常用规格）。

5）备用轮胎（常用规格）。

6）轮胎充气枪（常用规格）。

7）满足本考位考核要求的其他必要配置。

（2）操作内容

考生根据抽取的一组轮胎进行操作：

1）拧松轮胎螺栓，举升车辆。

2）对轮胎进行检查，按需调整胎压并换位安装（要求操作一组轮胎）。

3）放下举升车辆，紧固轮胎螺栓并检查安装情况。

（3）操作要求

1）所有操作要求符合规范，操作应采取正确的步骤、方法。

2）拧松轮胎螺栓操作步骤、方法正确，举升车辆支承点合理、可靠、安全。

3）对轮胎进行检查，要求测量胎压并调整胎压至标准，合理使用气动工具。

4）按规定的力矩和方法紧固轮胎螺栓，按程序检查轮胎安装情况。

5）操作完毕将设备、工具复位，清洁。

2. 试题评分表

评价要素		配分	等级	评分细则	评定等级					得分
					A	B	C	D	E	
1	拧松轮胎螺栓，举升车辆	5	A	操作结果正确，操作步骤规范，操作安全，支承点选择正确						
			B	操作结果正确，操作安全，操作步骤或支承点选择有 1 处不规范						
			C	操作结果正确，操作安全，操作步骤或支承点选择有 2 处不规范						
			D	操作结果不正确，操作不安全，操作步骤、支承点选择错误						
			E	未答题						
2	按要求对轮胎进行检查调整并换位安装	15	A	操作过程和结果正确，胎压正确，工具使用规范						
			B	操作结果正确，胎压正确，操作过程有 1 处不规范						
			C	操作结果正确，胎压正确，操作过程有 2 处不规范						
			D	操作结果不正确或胎压有偏差或操作过程错误						
			E	未答题						
3	放下举升车辆，按要求紧固轮胎螺栓并检查安装可靠	5	A	操作结果正确，操作过程正确，工具使用规范						
			B	操作结果正确，操作过程或工具使用有 1 处不规范						
			C	操作结果正确，操作过程或工具使用有 2 处不规范						
			D	操作结果不正确，操作过程或工具使用错误						
			E	未答题						
合计配分		25	合计得分							

等级	A（优）	B（良）	C（及格）	D（较差）	E（未答题）
比值	1.0	0.8	0.6	0.2	0

“评价要素”得分＝配分×等级比值。

六、轮胎动平衡（试题代码：2.2.2；考核时间：15 min）

1. 试题单

（1）操作条件

1）轮胎（3个）。

2）轮胎动平衡仪（常用规格）。

3）轮胎气压表（常用规格）。

4）轮胎充气枪（常用规格）。

5）气门芯扳手、轮胎清洁工具（常用规格）。

6）满足本考位考核要求的其他必要配置。

（2）操作内容

1）检查准备的3个轮胎，测量轮胎气压，按需补充轮胎气压，识别轮胎参数。

2）检查调整轮胎动平衡仪，安装需要调整动平衡的轮胎。

3）使用轮胎动平衡仪调整轮胎动平衡。

（3）操作要求

1）所有操作要求符合规范，操作应采取正确的步骤、方法。

2）检查轮胎后必须判断轮胎是否可用，并按需选择轮胎补充胎压，选择轮胎进行动平衡调整，不能对不可用的轮胎进行操作。

3）检查动平衡仪和安装车轮定位步骤正确，操作规范。

4）调整轮胎不平衡值误差不大于5 g。

5）操作完毕将设备、工具复位，清洁。

2. 试题评分表及答案

评价要素		配分	等级	评分细则	评定等级					得分
					A	B	C	D	E	
1	检查车轮，测量轮胎气压，补充轮胎气压，轮胎参数识别	5	A	操作结果正确，轮胎参数识别正确，量具使用正确，操作过程规范						
			B	操作结果正确，轮胎参数识别正确，操作过程有 1 处不规范						
			C	操作结果正确，轮胎参数识别正确，操作过程有 2 处不规范						
			D	操作结果不正确，轮胎参数识别不正确，量具使用不正确，操作过程错误						
			E	未答题						
2	检查动平衡仪工作情况及安装轮胎 （检查包括驱动、测量、指示、制动装置；安装包括轮胎定位套、弹簧及车轮）	10	A	检查安装步骤、方法正确，项目齐全						
			B	检查项目齐全，安装步骤、方法有 1 处不规范						
			C	检查项目齐全，安装步骤、方法有 2 处不规范						
			D	检查项目不全，安装步骤、方法错误						
			E	未答题						
3	调整轮胎动平衡	10	A	操作过程及调整轮胎动平衡正确，轮胎不平衡值小于 5 g						
			B	调整轮胎动平衡正确，轮胎不平衡值小于 10 g						
			C	调整轮胎动平衡正确，轮胎不平衡值大于 10 g 或操作过程有 1 处不规范						
			D	调整轮胎动平衡不正确，操作过程错误						
			E	未答题						
合计配分		25	合计得分							

等级	A（优）	B（良）	C（及格）	D（较差）	E（未答题）
比值	1.0	0.8	0.6	0.2	0

"评价要素"得分＝配分×等级比值。

七、驻车制动器检查调整（试题代码：2.2.3；考核时间：15 min）

1. 试题单

（1）操作条件

1）整车（乘用车，设置驻车制动器可以调整）。

2）举升设备（乘用车常用规格）。

3）组套工具。

4）满足本考位考核要求的其他必要配置。

（2）操作内容

1）检查驻车制动器，识别零部件。

2）举升车辆。

3）检查驻车制动器拉线，调整驻车制动器。

4）放下举升车辆，检查驻车制动调整情况。

（3）操作要求

1）所有操作要求符合规范，操作应采取正确的步骤、方法。

2）应采取正确的步骤、方法检查驻车制动器，并口述检查结果，识别驻车制动器零部件。

3）举升车辆应符合安全操作规范，车辆支点合理、支承平稳。

4）应采取正确的步骤、方法调整驻车制动器至正常工作状态。

5）操作完毕将设备、工具复位，清洁。

2. 试题评分表

评价要素		配分	等级	评分细则	评定等级					得分
					A	B	C	D	E	
1	检查驻车制动器，识别零部件	5	A	检查结果正确，零部件识别完全正确，检查过程正确						
			B	检查结果正确，零部件识别正确，检查过程有1处不规范						
			C	检查结果正确，零部件识别正确，检查过程有2处不规范						
			D	检查结果不正确，零部件识别不正确，检查过程错误						
			E	未答题						
2	举升车辆，调整驻车制动器	15	A	调整结果正确，操作步骤、方法正确，工具使用规范						
			B	调整结果正确，操作步骤、方法有1处不规范						
			C	调整结果正确，操作步骤、方法有2处不规范						
			D	调整结果不正确，工具使用不规范，操作步骤、方法错误						
			E	未答题						
3	放下举升车辆，检查驻车制动调整是否合适	5	A	检查结果正确，操作步骤、方法正确						
			B	检查结果正确，操作步骤、方法有1处不规范						
			C	检查结果正确，操作步骤、方法有2处不规范						
			D	检查结果不正确，操作步骤、方法错误						
			E	未答题						
合计配分		25		合计得分						

等级	A（优）	B（良）	C（及格）	D（较差）	E（未答题）
比值	1.0	0.8	0.6	0.2	0

“评价要素”得分＝配分×等级比值。

汽车拆装

一、气缸盖拆装（试题代码：3.1.2；考核时间：15 min）

1. 试题单

（1）操作条件

1）发动机总成实物台架（乘用车四缸发动机）（发动机部件齐全可拆装，气缸盖已拆卸放置）。

2）气缸盖螺栓（发动机配套规格）。

3）扭力扳手（0～100 N·m）、组套工具。

4）满足本考位考核要求的其他必要配置。

（2）操作内容

1）装配气缸盖。

2）拆卸气缸盖。

（3）操作要求

1）所有操作要求符合规范，操作应采取正确的步骤、方法。

2）装配气缸盖过程要求检查、清洁气缸盖、气缸体平面和定位销，更换气缸垫，按顺序以规定力矩旋紧气缸盖螺栓；装配应达到可正常工作状态。

3）安装完毕经确认后进行拆卸。

4）拆卸过程要求按顺序用扭力扳手旋松螺栓，在规定位置撬起气缸盖，拆卸分解部件均妥善放置。

5）零件拆装、检查时不得损坏，不得掉落地上。

6）操作完毕将设备、工具复位，清洁。

2. 试题评分表

评价要素		配分	等级	评分细则	评定等级					得分
					A	B	C	D	E	
1	装配气缸盖 （检查、清洁气缸盖、气缸体平面和定位销，更换气缸垫，按顺序以规定力矩旋紧气缸盖螺栓）	15	A	检查、装配结果正确，操作步骤、方法正确，工具使用规范						
			B	检查、装配结果正确，操作过程有反复						
			C	检查和装配操作过程不规范，但能完成装配且结果正确						
			D	未完成安装或结果错误（装反或漏装气缸垫，装坏零件，气缸盖坠地）						
			E	未答题						
2	拆卸气缸盖 （按顺序用扭力扳手旋松螺栓，在规定位置撬起气缸盖，妥善放置）	10	A	拆卸分解结果正确，操作步骤、方法正确，工具使用规范						
			B	拆卸分解结果正确，操作过程有反复						
			C	操作过程不规范，但能完成拆卸分解，结果正确						
			D	未完成拆卸分解或结果错误（漏拆、拆坏零件，气缸盖坠地）						
			E	未答题						
合计配分		25	合计得分							

等级	A（优）	B（良）	C（及格）	D（较差）	E（未答题）
比值	1.0	0.8	0.6	0.2	0

“评价要素”得分＝配分×等级比值。

二、正时带更换（试题代码：3.1.3；考核时间：15 min）

1. 试题单

（1）操作条件

1）发动机总成实物台架（乘用车四缸发动机，可以正常启动）（正时部件齐全可拆装，正时带及附件已拆卸放置）。

2）张紧器（发动机配套）、正时带（备用、发动机配套）。

3）正时带张紧器调整工具（发动机配套）。

4）扭力扳手（0～100 N·m）、组套工具。

5）满足本考位考核要求的其他必要配置。

（2）操作内容

1）检查正时带和张紧器技术状况，安装正时带和张紧器。

2）安装正时带护罩、曲轴多楔带轮并检查，识别零部件。

3）拆卸正时带、正时带护罩、曲轴多楔带轮。

（3）操作要求

1）所有操作要求符合规范，操作应采取正确的步骤、方法。

2）安装带，旋转凸轮轴时不允许活塞处于上止点位置（否则有可能损坏气门或活塞），必须用专用扳手旋转正时带张紧器调整张紧力。

3）安装前后须进行检查，口述说明是否需更换，检查应将发动机按运转方向转两圈，检查正时标记。

4）安装完毕经确认后进行拆卸；拆卸正时带，应正确标记正时带旋转方向；拆卸分解要求至最小可独立部件且均妥善放置。

5）零件拆装、检查时不得损坏，不得掉落地上。

6）操作完毕将设备、工具复位，清洁。

2. 试题评分表

	评价要素	配分	等级	评分细则	评定等级					得分
					A	B	C	D	E	
1	检查正时带和张紧器技术状况，安装正时带和张紧器（要求对齐凸轮轴和曲轴正时标记）	15	A	检查、安装结果正确，操作步骤、方法正确，工具使用规范						
			B	检查、安装结果正确，操作过程有反复						
			C	操作过程不规范，但能完成安装且结果正确，检查过程不规范或遗漏 2 处以上						
			D	未完成安装或未对齐正时标记（装反或装坏零件，张紧器坠地）						
			E	未答题						

续表

	评价要素	配分	等级	评分细则	评定等级					得分
					A	B	C	D	E	
2	安装正时带护罩、曲轴多楔带轮并检查安装情况，识别零部件（转动发动机、检查正时标记）	5	A	安装、检查结果正确，操作步骤、方法正确，工具使用规范，正确识别零部件						
			B	安装、检查结果正确，零部件识别正确，操作过程有反复						
			C	安装、检查过程不规范或遗漏 2 处，识别零部件正确						
			D	安装、检查结果错误或不能识别零部件（装反或装坏零件）						
			E	未答题						
3	拆卸正时带、正时带护罩、曲轴多楔带轮	5	A	拆卸分解结果正确，操作步骤、方法正确，工具使用规范						
			B	拆卸分解结果正确，操作过程有反复						
			C	操作过程不规范，但能完成拆卸分解，结果正确						
			D	未完成拆卸分解或结果错误（漏拆、拆坏零件，张紧器坠地）						
			E	未答题						
	合计配分	25		合计得分						

等级	A（优）	B（良）	C（及格）	D（较差）	E（未答题）
比值	1.0	0.8	0.6	0.2	0

“评价要素”得分＝配分×等级比值。

三、凸轮轴和液压挺杆拆装（试题代码：3.1.4；考核时间：15 min）

1. 试题单

（1）操作条件

1）发动机气缸盖总成（乘用车四缸发动机）（凸轮轴、液压挺杆及附件已拆卸放置）。

2）塞尺（常用规格）、扭力扳手（0～100 N·m）、组套工具。

3）液压挺杆（发动机配套规格）（8 个）、润滑油（常用规格）。

4）满足本考位考核要求的其他必要配置。

（2）操作内容

1）检查凸轮轴和液压挺杆技术状况，识别零部件。

2）安装液压挺杆、凸轮轴和凸轮轴带轮，检查安装情况。

3）拆卸凸轮轴、液压挺杆、凸轮轴带轮。

（3）操作要求

1）所有操作要求符合规范，操作应采取正确的步骤、方法。

2）安装后应达到可正常工作状态。

3）安装前后须进行检查，口述说明是否需更换。

4）安装完毕经确认后进行拆卸；拆卸分解要求至最小可独立部件（包括凸轮轴、液压挺杆、凸轮轴带轮等）且均妥善放置。

5）零件拆装、检查时不得损坏，不得掉落地上。

6）操作完毕将设备、工具复位，清洁。

2. 试题评分表

评价要素		配分	等级	评分细则	评定等级					得分
					A	B	C	D	E	
1	检查凸轮轴和液压挺杆技术状况，识别零部件	5	A	检查过程和结果正确，正确识别零部件						
			B	检查结果三确，零部件识别正确，过程有反复						
			C	检查过程不规范或遗漏 2 处，零部件识别正确						
			D	检查结果错误或不能识别零部件（凸轮轴或液压挺杆坠地）						
			E	未答题						

续表

序号	评价要素	配分	等级	评分细则	评定等级 A	B	C	D	E	得分
2	安装液压挺杆、凸轮轴和凸轮轴带轮，检查安装情况	10	A	检查、安装结果正确，操作步骤、方法正确，工具使用规范						
			B	检查、安装结果正确，操作过程有反复						
			C	操作过程不规范，但能完成安装且结果正确，检查过程不规范或遗漏2处以上						
			D	未完成安装或结果错误（装反或漏装，装坏零件，凸轮轴或液压挺杆坠地）						
			E	未答题						
3	拆卸凸轮轴带轮、凸轮轴和液压挺杆	10	A	拆卸分解结果正确，操作步骤、方法正确，工具使用规范						
			B	拆卸分解结果正确，操作过程有反复						
			C	操作过程不规范，但能完成拆卸分解，结果正确						
			D	未完成拆卸分解或结果错误（漏拆、拆坏零件，凸轮轴或液压挺杆坠地）						
			E	未答题						
	合计配分	25		合计得分						

等级	A（优）	B（良）	C（及格）	D（较差）	E（未答题）
比值	1.0	0.8	0.6	0.2	0

“评价要素”得分＝配分×等级比值。

四、气门拆装（试题代码：3.1.5；考核时间：15 min）

1. 试题单

（1）操作条件

1）发动机气缸盖总成实物（乘用车四缸发动机）（气缸盖总成进排气门及气门弹簧安装完好；其中一缸进排气门及气门弹簧等已拆卸放置）。

2）进排气门拆装专用工具（发动机配套）。

3）游标卡尺。

4）组套工具。

5）润滑油（常用规格）。

6）满足本考位考核要求的其他必要配置。

（2）操作内容

1）检查气缸盖和气门组件（包括气门座圈、气门锁片、气门弹簧座、气门弹簧和气门等），识别零部件。

2）安装气门组件（安装已拆卸的一个气缸的气门组件）。

3）拆卸指定气缸的气门组件（包括气门锁片、气门弹簧座、气门弹簧和气门）。

（3）操作要求

1）所有操作要求符合规范，操作应采取正确的步骤、方法。

2）检查气门组件要求使用合适的工量具，口述说明磨损情况及是否需要更换。

3）安装过程适当加油润滑并按顺序装配进排气门，安装后气门组件应达到可正常工作状态。

4）安装完毕经确认后进行拆卸；拆卸气缸气门组件后应分解组件至最小可独立部件，且均妥善按顺序放置；拆卸分解过程应按顺序选用合适的工具。

5）零件拆装、检查时不得损坏，不得掉落地上。

6）操作完毕将设备、工具复位，清洁。

2. 试题评分表

评价要素		配分	等级	评分细则	评定等级					得分
					A	B	C	D	E	
1	检查气缸盖和气门组件（包括气门座圈、气门锁片、气门弹簧座、气门弹簧和气门），识别零部件	5	A	检查过程和结果正确，正确识别零部件，量具使用规范						
			B	检查结果正确，零部件识别正确，过程有反复						
			C	检查过程不规范或遗漏2处，零部件识别正确						
			D	检查结果错误或不能识别零部件						
			E	未答题						
2	安装气门组件	10	A	安装结果正确，操作步骤、方法正确，工具使用规范						
			B	安装结果正确，操作过程有反复						
			C	操作过程不规范，但能完成安装，结果正确						
			D	未完成安装或结果错误（装反或漏装，装坏零件，气门坠地）						
			E	未答题						
3	拆下气门锁片，取下气门弹簧座、气门弹簧和气门	10	A	拆卸分解结果正确，操作步骤、方法正确，工具使用规范						
			B	拆卸分解结果正确，操作过程有反复						
			C	操作过程不规范，但能完成拆卸分解，结果正确						
			D	未完成拆卸分解或结果错误（漏拆、拆坏零件，气门坠地）						
			E	未答题						
合计配分		25		合计得分						

等级	A（优）	B（良）	C（及格）	D（较差）	E（未答题）
比值	1.0	0.8	0.6	0.2	0

“评价要素”得分＝配分×等级比值。

五、活塞环拆装（试题代码：3.1.6；考核时间：15 min）

1. 试题单

（1）操作条件

1）活塞连杆组件。

2）活塞环拆装专用工具（发动机配套）。

3）组套工具。

4）活塞环漏光度检测工具。

5）塞尺。

6）平锉。

7）满足本考位考核要求的其他必要配置。

（2）操作内容

1）检查活塞环，修正活塞环端口间隙。

2）安装活塞环。

3）拆卸活塞环。

（3）操作要求

1）所有操作要求符合规范，操作应采取正确的步骤、方法。

2）检查活塞环要求使用合适的工量具，并口述说明磨损情况及是否需要更换，修正活塞环端口间隙操作要求符合规范。

3）活塞环安装后活塞连杆组件应达到可正常工作状态。

4）安装完毕经确认后进行拆卸，且均妥善按顺序放置。

5）操作完毕将设备、工具复位，清洁。

2. 试题评分表

评价要素		配分	等级	评分细则	评定等级					得分
					A	B	C	D	E	
1	检查活塞环，修正活塞环端口间隙	10	A	检查结果正确，端口间隙修正步骤、方法正确，工量具使用规范						
			B	检查结果、修正端口间隙正确，操作过程有反复						
			C	检查、修正端口间隙操作过程不规范或遗漏2处，但能完成检查，修正端口间隙正确						
			D	未完成检查或端口间隙修正						
			E	未答题						
2	安装活塞环	10	A	安装结果正确，操作步骤、方法正确，工具使用规范						
			B	安装结果正确，操作过程有反复						
			C	操作过程不规范，但能完成安装，结果正确						
			D	未完成安装或结果错误（装反或漏装，装坏零件，活塞坠地）						
			E	未答题						
3	拆卸活塞环	5	A	拆卸分解结果正确，操作步骤、方法正确，工具使用规范						
			B	拆卸分解结果正确，操作过程有反复						
			C	操作过程不规范，但能完成拆卸分解，结果正确						
			D	未完成拆卸分解或结果错误（漏拆、拆坏零件，活塞坠地）						
			E	未答题						
合计配分		25	合计得分							

等级	A（优）	B（良）	C（及格）	D（较差）	E（未答题）
比值	1.0	0.8	0.6	0.2	0

“评价要素”得分＝配分×等级比值。

六、鼓式制动器拆装（试题代码：3.2.2；考核时间：15 min）

1. 试题单

（1）操作条件

1）鼓式制动器部件总成实物台架（乘用车规格）（部件完整可供拆装，且已全部拆卸放置）。

2）鼓式制动器弹簧拆装专用工具。

3）组套工具。

4）满足本考位考核要求的其他必要配置。

（2）操作内容

1）检查鼓式制动器各部件。

2）安装鼓式制动器并检查安装情况，识别零部件。

3）拆卸分解鼓式制动器。

（3）操作要求

1）所有操作要求符合规范，操作应采取正确的步骤、方法。

2）安装鼓式制动器达到标准可工作状态，无部件遗漏。

3）安装前后须进行检查并可适当调整，要求检查项目齐全。

4）安装完毕经确认后进行拆卸分解。应使用鼓式制动器弹簧拆装专用工具，分解要求至最小可独立部件。

5）零件拆装、检查时不得损坏，不得掉落地上。

6）操作完毕将设备、工具复位，清洁。

2. 试题评分表

评价要素		配分	等级	评分细则	评定等级					得分
					A	B	C	D	E	
1	检查零部件技术状况，安装鼓式制动器	10	A	检查、安装结果正确，操作步骤、方法正确，工具使用规范						
			B	检查、安装结果正确，操作过程有反复						
			C	操作过程不规范，但能完成安装，结果正确						
			D	未完成安装或结果错误（装反或漏装，装坏零件）						
			E	未答题						
2	检查安装情况，识别零部件	5	A	检查过程和结果正确，正确识别零部件						
			B	检查结果正确，零部件识别正确，过程有反复						
			C	检查过程遗漏2处，零部件识别正确						
			D	检查结果不正确或不能识别零部件						
			E	未答题						
3	拆卸分解鼓式制动器	10	A	拆卸分解结果正确，操作步骤、方法正确，工具使用规范						
			B	拆卸分解结果正确，操作过程有反复						
			C	操作过程不规范，但能完成拆卸分解，结果正确						
			D	未完成拆卸分解或结果错误（漏拆、拆坏零件）						
			E	未答题						
合计配分		25	合计得分							

等级	A（优）	B（良）	C（及格）	D（较差）	E（未答题）
比值	1.0	0.8	0.6	0.2	0

"评价要素"得分＝配分×等级比值。

七、更换变速器输入轴（试题代码：3.2.3；考核时间：15 min）

1. 试题单

（1）操作条件

1）手动变速器总成实物（乘用车规格）（手动变速器部件齐全可拆装，且已全部拆卸分解放置）。

2）变速器输入轴及易损件（与总成配套）。

3）锤子、铜棒、卡环钳、组套工具。

4）满足本考位考核要求的其他必要配置。

（2）操作内容

1）检查零部件技术状况，识别变速器零件。

2）更换变速器输入轴，装配变速器。

3）分解拆卸变速器及相关零件。

（3）操作要求

1）所有操作要求符合规范，操作应采取正确的步骤、方法。

2）安装变速器达到标准可工作状态，无部件遗漏，零件安装时不得损坏，零件不得掉落地上。

3）安装前后须进行检查并可适当调整。

4）安装完毕经确认后进行拆卸分解，要求分解到变速器输入轴可更换状态，分解零部件妥善放置。零件拆卸分解时不得损坏，不得掉落地上。

5）操作完毕将设备、工具复位，清洁。

2. 试题评分表

评价要素		配分	等级	评分细则	评定等级					得分
					A	B	C	D	E	
1	检查零部件技术状况，识别零部件	5	A	检查过程和结果正确，正确识别零部件						
			B	检查结果正确，零部件识别正确，过程有反复						
			C	检查过程遗漏 2 处，零部件识别正确						
			D	检查结果不正确或不能识别零部件						
			E	未答题						
2	更换输入轴，并装配变速器，检查安装情况	15	A	检查、安装结果正确，操作步骤、方法正确，工具使用规范						
			B	检查、安装结果正确，操作过程有反复						
			C	操作过程不规范，但能完成安装且结果正确，检查过程不规范或遗漏 2 处以上						
			D	未完成安装或结果错误（装反或漏装，装坏零件，零件掉落地上损坏）						
			E	未答题						
3	分解拆卸变速器及相关零件	5	A	拆卸分解结果正确，操作步骤、方法正确，工具使用规范						
			B	拆卸分解结果正确，操作过程有反复						
			C	操作过程不规范，但能完成拆卸分解，结果正确						
			D	未完成拆卸分解或结果错误（漏拆、拆坏零件，零件掉落地上损坏）						
			E	未答题						
合计配分		25	合计得分							

等级	A（优）	B（良）	C（及格）	D（较差）	E（未答题）
比值	1.0	0.8	0.6	0.2	0

“评价要素”得分＝配分×等级比值。

八、更换变速器 2 挡同步器（试题代码：3.2.4；考核时间：15 min）

1. 试题单

（1）操作条件

1）手动变速器总成实物（乘用车规格）（手动变速器部件齐全可拆装，且已全部拆卸分解放置）。

2）变速器各挡同步器及易损件（与总成配套）。

3）锤子、铜棒、卡环钳、组套工具。

4）满足本考位考核要求的其他必要配置。

（2）操作内容

1）检查零部件技术状况，识别变速器零件。

2）更换变速器 2 挡同步器，装配变速器。

3）分解拆卸变速器及相关零件。

（3）操作要求

1）所有操作要求符合规范，操作应采取正确的步骤、方法。

2）安装变速器达到标准可工作状态，无部件遗漏；零件安装时不得损坏，不得掉落地上。

3）安装前后须进行检查并可适当调整。

4）安装完毕经确认后进行拆卸分解，要求分解到变速器 2 挡同步器可更换状态，分解零部件妥善放置；零件拆卸分解时不得损坏，不得掉落地上。

5）操作完毕将设备、工具复位，清洁。

2. 试题评分表

评价要素		配分	等级	评分细则	评定等级					得分
					A	B	C	D	E	
1	检查零部件技术状况，识别零部件	5	A	检查过程和结果正确，正确识别零部件						
			B	检查结果正确，零部件识别正确，过程有反复						
			C	检查过程遗漏 2 处，零部件识别正确						
			D	检查结果不正确或不能识别零部件						
			E	未答题						
2	更换变速器 2 挡同步器并装配变速器，检查安装情况	15	A	检查、安装结果正确，操作步骤、方法正确，工具使用规范						
			B	检查、安装结果正确，操作过程有反复						
			C	操作过程不规范，但能完成安装且结果正确，检查过程不规范或遗漏 2 处以上						
			D	未完成安装或结果错误（装反或漏装，装坏零件，零件掉落地上损坏）						
			E	未答题						
3	分解拆卸变速器及相关零件	5	A	拆卸分解结果正确，操作步骤、方法正确，工具使用规范						
			B	拆卸分解结果正确，操作过程有反复						
			C	操作过程不规范，但能完成拆卸分解，结果正确						
			D	未完成拆卸分解或结果错误（漏拆、拆坏零件，零件掉落地上损坏）						
			E	未答题						
合计配分		25		合计得分						

等级	A（优）	B（良）	C（及格）	D（较差）	E（未答题）
比值	1.0	0.8	0.6	0.2	0

“评价要素”得分＝配分×等级比值。

九、更换变速器1挡齿轮（试题代码：3.2.5；考核时间：15 min）

1. 试题单

（1）操作条件

1）手动变速器总成实物（乘用车规格）（手动变速器部件齐全可拆装，且已全部拆卸分解放置）。

2）变速器各挡齿轮及易损件（与总成配套）。

3）锤子、铜棒、卡环钳、组套工具。

4）满足本考位考核要求的其他必要配置。

（2）操作内容

1）检查零部件技术状况，识别变速器零件。

2）更换变速器1挡齿轮，装配变速器。

3）分解拆卸变速器及相关零件。

（3）操作要求

1）所有操作要求符合规范，操作应采取正确的步骤、方法。

2）安装变速器达到标准可工作状态，无部件遗漏。

3）安装前后须进行检查并可适当调整。

4）安装完毕经确认后进行拆卸分解，要求分解到变速器1挡齿轮可更换状态，分解零部件妥善放置；零件拆装时不得损坏，不得掉落地上。

5）操作完毕将设备、工具复位，清洁。

2. 试题评分表

评价要素		配分	等级	评分细则	评定等级					得分
					A	B	C	D	E	
1	检查零部件技术状况，识别零部件	5	A	检查过程和结果正确，正确识别零部件						
			B	检查结果正确，零部件识别正确，过程有反复						
			C	检查过程遗漏 2 处，零部件识别正确						
			D	检查结果不正确或不能识别零部件						
			E	未答题						
2	更换变速器 1 挡齿轮并装配变速器，检查安装情况	15	A	检查、安装结果正确，操作步骤、方法正确，工具使用规范						
			B	检查、安装结果正确，操作过程有反复						
			C	操作过程不规范，但能完成安装且结果正确，检查过程不规范或遗漏 2 处以上						
			D	未完成安装或结果错误（装反或漏装，装坏零件，零件掉落地上损坏）						
			E	未答题						
3	分解拆卸变速器及相关零件	5	A	拆卸分解结果正确，操作步骤、方法正确，工具使用规范						
			B	拆卸分解结果正确，操作过程有反复						
			C	操作过程不规范，但能完成拆卸分解，结果正确						
			D	未完成拆卸分解或结果错误（漏拆、拆坏零件，零件掉落地上损坏）						
			E	未答题						
合计配分		25	合计得分							

等级	A（优）	B（良）	C（及格）	D（较差）	E（未答题）
比值	1.0	0.8	0.6	0.2	0

“评价要素”得分＝配分×等级比值。

第5部分

理论知识考试模拟试卷及参考答案

汽车维修工（五级）理论知识试卷

注　意　事　项

1. 考试时间：90 min。
2. 请首先按要求在试卷的标封处填写您的姓名和准考证号。
3. 请仔细阅读各种题目的回答要求，在规定的位置填写您的答案。
4. 不要在试卷上乱写乱画，不要在标封区填写无关的内容。

	一	二	总分
得分			

得分	
评分人	

一、判断题（第1题～第60题。将判断结果填入括号中。正确的填“√”，错误的填“×”。每题0.5分，满分30分。）

1. 汽车维修对于确保客户的安全是一项重要的工作。（　　）
2. 维修技工的工作职责是进行维护和修理工作，并在结束后进行最后的检查。（　　）
3. 镶套法是最好的修理螺纹的方法，使用时铜套与壳体必须采用过渡配合。（　　）

4. 百分表的小指针范围是0～3 mm，表示可以测量的范围在3 mm以内。（　）

5. 可通过锤子敲击分开盖和壳体。（　）

6. 不能用游标卡尺测量铸锻毛坯件，以免失去精度。（　）

7. 外径千分尺的测量精度可达0.001 mm。（　）

8. 在使用举升器时必须明确通知周围工作人员。（　）

9. 各种材料的零件可以同时在清洗机内清洗。（　）

10. 万用表可以用来测量电压、电阻和频率等。（　）

11. 车轮不平衡可能引起汽车行驶时过度振动。（　）

12. 额定装载质量在2～8 t的货车是中型货车。（　）

13. 越野车一般是由多桥驱动的。（　）

14. 乘用车是指用于载人及行李，包括驾驶员座位在内最多不超过9座的汽车。（　）

15. 活塞在气缸中是作匀速直线往复运动的。（　）

16. 发动机的振动是由往复运动的惯性力和离心力引起的。（　）

17. 湿式气缸套比干式气缸套壁厚，所以装湿缸套的机体刚度要大些。（　）

18. 曲柄连杆机构所受到的力仅有气体的作用力和惯性力。（　）

19. 活塞裙部膨胀槽一般开在受侧压力较大的一面。（　）

20. 四冲程发动机曲轴与凸轮轴的传动比为1∶2。（　）

21. 通常将氧传感器安装在进气管上。（　）

22. 燃油系统压力由燃油泵决定。（　）

23. 空气流量计的作用是测量发动机的进气量，电脑根据空气流量计的信号和转速信号确定基本喷油量。（　）

24. 为了防止细小杂质堵塞喷孔，在喷油器高压油管接头中装有孔式滤芯。（　）

25. 水冷却系主要由散热器、水泵、风扇、节温器和水温表等部件组成。（　）

26. 离心式水泵被广泛采用。（　）

27. 冷却系节温器的作用是控制流经散热器的水量。（　）

28. 节温器主阀门开启过迟，会引起发动机过热；主阀门开启过早，会使发动机预热时间延长，使发动机温度过低。（　）

29. 发动机冷启动时润滑油黏度高，流动性差，润滑油的压力会降低。（ ）

30. 桑塔纳轿车的传动形式是发动机后置后驱动。（ ）

31. 大多数后置发动机是纵向布置的，以缩短汽车的后悬架。（ ）

32. 传动系的功用是将发动机动力传给驱动轮。（ ）

33. 全轮驱动汽车广泛应用于轿车上。（ ）

34. 为防止变速器同时挂入两个挡位，必须在操纵机构内装设自锁装置。（ ）

35. 万向传动装置一般由万向节与传动轴组成。（ ）

36. 球叉式万向节承载能力大，磨损小，结构紧凑，拆装方便，因此应用越来越广泛。（ ）

37. 主减速器能起到降速降扭的作用。（ ）

38. 汽车装差速器后，可使左右两驱动轮转速不同，一快一慢。（ ）

39. 兼起转向和驱动作用的前桥称为转向驱动桥。（ ）

40. 汽车悬架是弹性连接车桥和车架的传力装置。（ ）

41. 根据形状可将减振器分为单管式和双管式。（ ）

42. 悬架的减振器仅起缓冲作用。（ ）

43. 非独立悬架的汽车当一侧车轮因路面不平而跳动时，另一侧车轮不会受影响。（ ）

44. 车轮外倾的作用在于增强前轮工作安全性和转向轻便，使前轮自动回正。（ ）

45. 转向传动机构是指转向器至转向轮之间的一整套传动杆件。（ ）

46. 非独立悬架用转向传动机构的各杆件之间都采用球形铰链连接，并设有防止松脱、缓冲吸振、自动消除磨损后间隙等结构措施。（ ）

47. 汽车转向时，外侧转向轮偏转角越大，其转弯半径也越大。（ ）

48. 装用动力转向装置的汽车转向后，自动回正的能量将大为减弱。（ ）

49. 转向器的功用是增大由转向盘传到转向节的力，并改变力的传递方向。（ ）

50. 转向器是转向系中的增速增力传动装置。（ ）

51. 当燃油量警示灯点亮时，车辆应该还可以再继续行驶约 80 km 而不必加注燃油。（ ）

52. 风窗玻璃清洗液的液面过低时，应添加专用清洗液。（ ）

53. 仪表照明灯的调节按钮调整到底时，仪表照明灯应保持最大亮度。（　）

54. 充电指示灯在发动机启动后应立即熄灭。（　）

55. 子午线轮胎可以左右换位。（　）

56. 拆卸发动机时应先从发动机附件开始。（　）

57. 发动机拆卸吊装时下面不可站人，安全第一。（　）

58. 在安装正时带过程中转动凸轮轴，曲轴不应该处于上止点位置，以免损坏气门和活塞。（　）

59. 拆装正时带时应该先标记旋转方向，以利于安装。（　）

60. 若活塞环开口间隙大于规定值，可能会造成机油消耗量过大。（　）

得分	
评分人	

二、单项选择题（第 1 题～第 70 题。选择一个正确的答案，将相应的字母填入题内的括号中。每题 1 分，满分 70 分。）

1. 下列属于维修技工工作职责的是（　）。

A. 在能力所及的范围内处理一般的客户需求

B. 给技术员分配工作，监督工作，并追踪工作进程

C. 进行维护和修理工作，并在结束后进行最后的检查

D. 进行维护和修理工作

2. 职业理想不包括（　）。

A. 职业成就　B. 职业种类　C. 职业收入　D. 职业意义

3. 为保持工作场地的清洁，维修人员要随时（　）。

A. 整理场地　B. 整理通道

C. 保持地面清洁　D. 以上选项都正确

4. 防火的责任应落实到（　）。

A. 领导　B. 安全员　C. 每个人　D. 客户

5. 穿戴防护用具是为了保护（　）。

A. 自己的身体　B. 车辆　C. 配件　D. 设备

6.（　　）不是螺纹孔的修理方法。

A. 镶套法　　B. 扩大尺寸法　　C. 更换法　　D. 改变螺距法

7. 进行锉削加工时可以不戴的防护用品是（　　）。

A. 手套　　B. 防护镜　　C. 工作帽　　D. 护膝

8. 进行锉削加工时必须戴的防护用品是（　　）。

A. 耳塞　　B. 防护镜　　C. 面罩　　D. 护膝

9. 百分表的规格“0～10 mm”表示（　　）。

A. 压缩量　　B. 测量半径　　C. 测量直径　　D. 测量范围

10. 为了将工件更加牢固地夹紧在台虎钳上，可以（　　）。

A. 套上加长管子扳动手柄　　B. 用锤子敲手柄

C. 增加钳口与工件的接触面积　　D. 垫铝片

11. 百分表的大指针每走一格为（　　）mm。

A. 0.1　　B. 0.01　　C. 0.02　　D. 0.2

12. 为了将工件更加牢固地夹紧在台虎钳上，可以（　　）。

A. 套上加长管子扳动手柄　　B. 用锤子敲手柄

C. 增加钳口与工件的接触面积　　D. 垫铝片

13. 刮刀的磨削应该使用（　　）。

A. 油石　　B. 磨床　　C. 砂轮　　D. 砂布

14. 在必须避免撞坏物件的地方应该使用（　　）。

A. 球头销锤子　　B. 塑料锤

C. 检修用锤　　D. 木锤

15. 拆卸水管夹箍可以使用（　　）。

A. 尖嘴钳　　B. 鲤鱼钳　　C. 刀口钳　　D. 旋具

16. 拆卸螺栓应该使用（　　）。

A. 梅花扳手　　B. 开口扳手　　C. 套筒扳手　　D. 棘轮扳手

17. 如果由于工作空间限制不能使用成套套筒扳手，应尽可能选用（　　）。

A. 梅花扳手　　B. 开口扳手　　C. 套筒扳手　　D. 棘轮扳手

18. 游标卡尺不可以测量（　　）。

A. 内径　　B. 外径　　C. 深度　　D. 平面度误差

19. 下述不是外径千分尺规格的是（　　）mm。

A. 5～25　　B. 25～50　　C. 50～75　　D. 75～100

20. 使用外径千分尺时，下述（　　）没做，一定会影响测量精度。

A. 锁止度数　　B. 装配外径千分尺

C. 校零　　D. 寻找直径位置

21. 测量时，百分表的指针应（　　）。

A. 与测量表面垂直　　B. 与测量表面成 10°角

C. 与测量表面成 45°角　　D. 与测量表面平行

22. 下列不是扭力扳手类型的是（　　）。

A. 电子式　　B. 定扭矩式　　C. 指针式　　D. 弹簧式

23. 清洗机可直接清洗的配件是（　　）。

A. 起动机　　B. 发电机　　C. 缸盖　　D. 分电器

24. 千斤顶适配器用于（　　）。

A. 带有偏置差动齿轮的 4WD 车辆

B. 前轮驱动车辆

C. 后轮驱动车辆

D. 卡车

25. 汽车类别代号 6 表示（　　）。

A. 载货汽车　　B. 客车　　C. 越野汽车　　D. 轿车

26. 四冲程直列六缸发动机的工作顺序一般是（　　）。

A. 1—5—3—6—2—4　　B. 1—3—2—4—5—6

C. 1—2—3—4—5—6　　D. 1—6—4—2—3—5

27. 排量为 1 680 mL 的四缸发动机，其燃烧室容积为 60 mL，则压缩比等于（　　）。

A. 6　　B. 8　　C. 7　　D. 10

28. 曲柄连杆机构由（　　）三大部分组成。

A. 活塞、曲轴、飞轮　　B. 机体、活塞连杆、曲轴飞轮
C. 机体、活塞、连杆　　D. 曲轴、飞轮、机体

29. 上置凸轮轴式配气机构的（　　）是由凸轮轴直接驱动的。
A. 推杆　　B. 挺杆　　C. 凸轮　　D. 曲轴

30. 燃油系统压力过高，说明燃油压力调节器（　　）。
A. 泄漏　　B. 正常　　C. 导通　　D. 堵塞

31. 决定基本喷油量的传感器是（　　）。
A. 水温传感器　　B. 进气压力传感器
C. 氧传感器　　D. 爆燃传感器

32. 柴油发动机的混合气是在（　　）内形成的。
A. 化油器　　B. 喷油泵　　C. 喷油器　　D. 燃烧室

33. 冷车启动后，冷却液通过（　　）以加快升温。
A. 小循环　　B. 大循环　　C. 不循环　　D. 大小循环

34. 机油没有压力时，机油压力开关在弹簧力的作用下（　　），报警灯亮。
A. 接通触点，导通开关　　B. 切断触点，导通开关
C. 接通触点，断开开关　　D. 切断触点，断开开关

35. 润滑系除起到润滑作用外，还可起到（　　）的作用。
A. 清洗、冷却、密封　　B. 增压、飞溅、循环
C. 冷却、清洗、增压　　D. 飞溅、循环、密封

36. 变速器的操纵机构中安装了倒挡锁装置、自锁装置和（　　）。
A. 同步装置　　B. 差速装置　　C. 锁止装置　　D. 互锁装置

37. 万向传动装置除连接变速器与驱动桥外，还应用于（　　）。
A. 离合器与变速器之间　　B. 转向桥中
C. 驱动桥与车轮之间　　D. 转向操纵系统中

38. 主减速器的圆锥滚子轴承一般都是成对安装使用的，装配时应使其具有一定的（　　）。
A. 位置　　B. 方向　　C. 预紧度　　D. 润滑

39. 汽车装上差速器后，转弯时可以使内侧车轮转速降低，外侧车轮转速（　　）。

A. 不变　　B. 降低　　C. 增高　　D. 以上都有可能

40. 两侧车轮阻力不同时，差速器行星齿轮（　　）。

A. 公转　　B. 自转

C. 公转同时还自转　　D. 其他选项都不正确

41. 越野汽车的前桥属于（　　）。

A. 转向桥　　B. 驱动桥　　C. 转向驱动桥　　D. 支承桥

42. 独立悬架车桥都做成断开式的，每边车轮均用（　　）单独地连接在车架下面。

A. 钢板弹簧　　B. 减振器　　C. 螺旋弹簧　　D. 离合器

43. 前轮定位包括（　　）、主销后倾、前轮外倾、前轮前束四个内容。

A. 主销侧倾　　B. 主销外倾　　C. 主销内倾　　D. 主销前倾

44. 转向传动机构可以将（　　）输出的力传给转向轮。

A. 转向盘　　B. 转向器　　C. 转向节　　D. 梯形臂

45. 前轮采用独立悬架的汽车，转向梯形机构中的横拉杆应是（　　）的。

A. 断开式　　B. 整体式　　C. 组合式　　D. 没有特别规定

46. 蓄电池放电时，硫酸分解成（　　）。

A. 氢气和水　　B. 氢气和硫酸根

C. 氢离子和硫酸根　　D. 水和硫酸根

47. 发电机产生（　　）相交流电。

A. 一　　B. 二　　C. 三　　D. 四

48. 下面属于安全装置的是（　　）。

A. 配合千斤顶一起使用的支架　　B. 举升机的挡块

C. 砂轮机的挡板　　D. 其他各项都正确

49. 当机油压力警示灯点亮时，发动机（　　）。

A. 可以继续正常工作

B. 应立即停止工作，检查故障原因

C. 经检查机油液面正常，可以继续正常工作

D. 停车一会即可以继续正常工作

50. 别克新世纪轿车水温为（　　）℃时其冷却风扇应低速运行。

A. 95　　B. 85　　C. 100　　D. 106

51. 打开点火开关并启动发动机，发动机故障警示灯（　　）。

A. 可能常亮，也可能不亮　　B. 应不亮

C. 应常亮　　D. 应先亮后灭

52. ABS故障警示灯在打开点火开关或发动后（　　）表示系统正常。

A. 先亮后灭　　B. 不亮　　C. 常亮　　D. 常亮或不亮

53. 下面说法错误的是（　　）。

A. 当没有按要求系好安全带时，安全带警示灯应点亮

B. 当按要求系好安全带时，安全带警示灯应熄灭

C. 驾车时一定要系好安全带，并且安全带警示灯应熄灭

D. 安全带警示灯点亮后应首先检查电路故障

54. 在平坦的地面使用卧式千斤顶时，错误的是（　　）。

A. 一直要使用轮胎挡块

B. 车辆的支承点可靠安全

C. 若没有其他安全辅助支承，若时间很短允许躺在车下工作

D. 若没有其他安全辅助支承，在卧式千斤顶顶起车身后，不允许躺在车下工作

55. 使用锤子时，手应握在木柄的（　　）。

A. 前端　　B. 末端　　C. 三分之二处　　D. 中间

56. 以下说法正确的是（　　）。

A. 在必要时可以敲击接杆以使螺栓松动

B. 不可以敲击接杆以使螺栓松动

C. 接杆的长度规格只有一种

D. 接杆不必始终保持清洁

57. 甲说可以使用尖嘴钳拧松螺栓。乙说使用尖嘴钳时不允许使用过大力矩，以防止钳口变形。甲、乙二人的说法中（　　）。

A. 甲对　　B. 乙对　　C. 甲乙都对　　D. 甲乙都错

58. 检查气缸压力时，需将（　　）火花塞拆除。

A. 全部　　B. 部分　　C. 一缸　　D. 三缸

59. 应经常检查发动机机油液面，保持机油液面位于机油尺（　　）。

A. Max（最高）的上面

B. Min（最低）的下面

C. 其他选项都对

D. Max（最高）及 Min（最低）两个标记之间

60. 下列说法正确的是（　　）。

A. 防冰冻是乙二醇冷却液不具备的功能

B. 乙烯乙二醇与水混合，前者比例低于40%时会减低防蚀性及热交换功能

C. 80%乙烯乙二醇与20%的水混合，其凝结点最低

D. 冷却液用水为硬水

61. 以下有关手动变速器油的说法正确的是（　　）。

A. 手动变速器油可以用 ATF 代替

B. 手动变速器油不可以用 ATF 代替

C. 手动变速器无须检查变速器齿轮油液面高度

D. 可以使用普通齿轮油代替双曲线齿轮油

62. 以下有关风窗玻璃清洗液说法正确的是（　　）。

A. 风窗玻璃清洗液的液面应在 Max 之上

B. 风窗玻璃清洗液的液面过低时，应添加专用清洗液

C. 风窗玻璃清洗液的液面应在 Min 之下

D. 风窗玻璃清洗液的液面过低时，应添加清洁的自来水

63. 以下有关雾灯的说法正确的是（　　）。

A. 只有在打开小灯的情况下才能打开雾灯

B. 桑塔纳轿车雾灯灯泡规格通常为 12 V 5 W

C. 桑塔纳轿车远光灯灯泡规格通常为 24 V 21 W

D. 桑塔纳轿车远光灯灯泡规格通常为 24 V 5 W

64. 以下有关刮水系统说法错误的是（　　）。

A. 在检查刮水系统时，刮水器橡胶有损伤，应及时更换

B. 风窗玻璃清洗液的液面过低时，应添加专用清洗液

C. 刮水系统有故障会影响雨天行车安全

D. 在检查刮水系统时，若发现只有快速挡，肯定是熔丝烧毁造成的

65. 以下有关电动门窗说法正确的是（　　）。

A. 电动门窗上升速度过慢时可以在车窗玻璃的密封滑槽内喷入机油来解决

B. 电动门窗上升速度过慢时可以在车窗玻璃的密封滑槽内喷入肥皂水来解决

C. 电动门窗上升速度过慢时可以在车窗玻璃的密封滑槽内喷入松锈剂来解决

D. 电动门窗上升速度过慢时不可以在车窗玻璃的密封滑槽内喷入任何润滑油来解决

66. 三角臂球头防尘套损坏（　　）。

A. 影响不大　　　　B. 不必更换

C. 只需稍加润滑脂即可　　　　D. 应及时更换

67. 在盘式制动的车辆上，当施加制动且ABS尚未工作时，制动踏板快速脉动，可能是（　　）造成的。

A. 轮胎不平衡　　　　B. 制动盘跳动量过大

C. 制动液液面过低　　　　D. 制动蹄片磨损

68. 以下有关更换空气滤清器说法错误的是（　　）。

A. 拆下空气滤清器后应清洁其内部

B. 新的空气滤清器滤芯应安装到位

C. 用吹枪清洁空气滤清器时气流应该与空气滤清器进气方向相反

D. 不需清洁空气滤清器外部

69. 点火钥匙在ON挡，打开风窗玻璃清洗液开关，没有液体喷出，可能的原因是（　　）。

A. 缺风窗玻璃清洗液　　　　B. 喷淋电动机不工作

C. 喷孔堵塞　　　　D. 其他选项都有可能

70. 润滑系中的机油滤清器拧紧力矩为（　　）N·m。

A. 20　　B. 30　　C. 40　　D. 350

汽车维修工（五级）理论知识试卷参考答案

一、判断题（第 1 题～第 60 题。将判断结果填入括号中。正确的填“√”，错误的填“×”。每题 0.5 分，满分 30 分。）

1. √	2. ×	3. ×	4. √	5. √	6. √	7. ×	8. √	9. ×
10. √	11. √	12. ×	13. √	14. √	15. ×	16. √	17. ×	18. ×
19. ×	20. ×	21. ×	22. ×	23. √	24. ×	25. √	26. ×	27. √
28. √	29. ×	30. ×	31. ×	32. √	33. ×	34. ×	35. √	36. ×
37. ×	38. √	39. √	40. √	41. √	42. ×	43. ×	44. ×	45. √
46. √	47. ×	48. ×	49. √	50. ×	51. ×	52. √	53. ×	54. √
55. ×	56. √	57. √	58. √	59. √	60. √			

二、单项选择题（第 1 题～第 70 题。选择一个正确的答案，将相应的字母填入题内的括号中。每题 1 分，满分 70 分。）

1. D	2. C	3. D	4. C	5. A	6. C	7. D	8. B	9. D
10. C	11. B	12. C	13. A	14. B	15. B	16. C	17. A	18. D
19. A	20. A	21. A	22. D	23. C	24. A	25. B	26. A	27. B
28. B	29. B	30. D	31. B	32. D	33. A	34. A	35. A	36. D
37. D	38. C	39. C	40. C	41. C	42. C	43. C	44. B	45. A
46. C	47. C	48. D	49. B	50. D	51. D	52. A	53. D	54. C
55. C	56. B	57. B	58. A	59. D	60. B	61. B	62. B	63. A
64. D	65. D	66. D	67. B	68. D	69. D	70. A		

第6部分

操作技能考核模拟试卷

注 意 事 项

1. 考生根据操作技能考核通知单中所列的试题做好考核准备。

2. 请考生仔细阅读试题单中的具体考核内容和要求，并按要求完成操作或进行笔答或口答，若有笔答请考生在答题卷上完成。

3. 操作技能考核时要遵守考场纪律，服从考场管理人员指挥，以保证考核安全顺利进行。

注：操作技能鉴定试题评分表及答案是考评员对考生考核过程及考核结果的评分记录表，也是评分依据。

国家职业资格鉴定

汽车维修工（五级）操作技能考核通知单

姓名：

准考证号：

考核日期：

姓名：

准考证号：

考核日期：

试题 1

试题代码：1.1.1。

试题名称：气缸内径的测量。

考核时间：15 min。

配分：25 分。

试题 2

试题代码：2.1.1。

试题名称：更换发动机机油和机油滤清器。

考核时间：15 min。

配分：25 分。

试题 3

试题代码：3.1.1。

试题名称：活塞连杆组拆装。

考核时间：15 min。

配分：25 分。

试题 4

试题代码：3.2.1。

试题名称：钳式制动器拆装。

考核时间：15 min。

配分：25 分。

汽车维修工（五级）操作技能鉴定

试　题　单

试题代码：1.1.1。

试题名称：气缸内径的测量。

考核时间：15 min。

1. 操作条件

（1）发动机缸体实物（乘用车四缸发动机）。

（2）内径百分表（50～160 mm）。

（3）外径千分尺（50～75 mm、75～100 mm各1个）。

（4）游标卡尺（0～125 mm）。

（5）满足本考位考核要求的其他必要配置。

2. 操作内容

（1）按规范检查缸体和量具，安装、校正内径百分表，检验外径千分尺、游标卡尺。

（2）使用内径百分表、外径千分尺、游标卡尺等测量抽取到的气缸上、中、下三个截面的纵向直径、横向直径（共计6个数据）。

（3）将测量数据填写在答题卷的测量记录单上。

3. 操作要求

（1）所有操作要求符合规范，操作应采取正确的步骤、方法。

（2）正确安装量缸表，使其压缩余量在2 mm左右。

（3）校正量缸表误差不大于0.01 mm。

（4）测量部位正确，测量数值误差不大于0.02 mm。

（5）在答题卷上完成测量数据的填写。

（6）操作完毕将设备、工具复位。

（7）考生务必按编号对发动机缸体及气缸进行操作，并在答题卷上勾选抽到的气缸编号。

汽车维修工（五级）操作技能鉴定

答　题　卷

试题代码：1.1.1。

试题名称：气缸内径的测量。

考生姓名：　　　　　　　　准考证号：　　　　　　　　考核时间：15 min

测量记录单

气缸编号	①号（　）②号（　）③号（　）④号（　）	
	纵向直径（mm）	横向直径（mm）
上截面	mm	mm
中截面	mm	mm
下截面	mm	mm

说明：

1. 请根据抽到的气缸编号正确勾选。
2. 请正确填写被测气缸上、中、下三个截面的纵向直径和横向直径。

汽车维修工（五级）操作技能鉴定

试题评分表

试题代码：1.1.1。

试题名称：气缸内径的测量。

考生姓名：　　　　　　　　　　准考证号：　　　　　　　　　　考核时间：15 min

	评价要素	配分	等级	评分细则	评定等级 A	B	C	D	E	得分
1	安装、校正内径百分表、检验外径千分尺及游标卡尺	10	A	外径千分尺、游标卡尺检验方法正确；内径百分表安装正确，校正误差小于等于0.01 mm						
			B	外径千分尺、游标卡尺检验方法正确；内径百分表安装正确，校正误差小于等于0.02 mm且大于0.01 mm						
			C	外径千分尺、游标卡尺检验方法正确；内径百分表安装正确，校正误差小于等于0.03 mm且大于0.02 mm						
			D	外径千分尺、游标卡尺检验方法错误或内径百分表安装错误或校正误差大于0.03 mm						
			E	未答题						
2	使用内径百分表、外径千分尺、游标卡尺等测量气缸直径	5	A	测量部位正确，量具使用规范						
			B	测量部位或量具使用有一项有误						
			C	已完成测量过程，但测量部位和量具使用均有误						
			D	未完成测量过程						
			E	未答题						

续表

评价要素		配分	等级	评分细则	评定等级					得分
					A	B	C	D	E	
3	测量数据	10	A	所有测量数据误差小于等于0.02 mm						
			B	所有测量数据误差小于等于0.03 mm 且大于0.02 mm						
			C	所有测量数据误差小于等于0.05 mm 且大于0.03 mm						
			D	所有测量数据误差大于0.05 mm						
			E	未答题						
合计配分		25		合计得分						

考评员（签名）：

等级	A（优）	B（良）	C（及格）	D（较差）	E（未答题）
比值	1.0	0.8	0.6	0.2	0

"评价要素"得分＝配分×等级比值。

汽车维修工（五级）操作技能鉴定

试 题 单

试题代码：2.1.1。

试题名称：更换发动机机油和机油滤清器。

考核时间：15 min。

1. 操作条件

（1）整车（乘用车）、举升设备（常用规格）。

（2）机油（质量等级为SE/SL/SG，黏度等级为10W-30/15W-40/20W-60的组合，共9种机油）。

（3）滤清器套筒、机油收集器、油底壳螺栓垫片（与整车配套）。

（4）扭力扳手2把（0～25 N·m和10～100 N·m）及组套工具。

（5）防护三件套、翼子板布和前格栅布、手套。

（6）满足本考位考核要求的其他必要配置。

2. 操作内容

（1）举升车辆。

（2）更换机油滤清器。

（3）按使用条件选择适合本车辆发动机的机油，并更换发动机机油。

（4）举升设备还原。

3. 操作要求

（1）所有操作要求符合规范，操作应采取正确的步骤、方法。

（2）举升车辆步骤规范，操作安全，支承点选择合理。

（3）更换机油前应排空发动机机油并紧固油底壳螺栓，排出机油存入考场指定容器内，不得泄漏至地面。

（4）更换机油滤清器，用标准力矩拧紧并且不漏油。

（5）按使用条件选择合适的机油，重新按照对应发动机的标准量加注机油。

（6）操作完毕将设备、工具复位。

汽车维修工（五级）操作技能鉴定

试题评分表

试题代码：2.1.1。

试题名称：更换发动机机油和机油滤清器。

考生姓名：　　　　准考证号：　　　　考核时间：15 min

评价要素		配分	等级	评分细则	评定等级					得分
					A	B	C	D	E	
1	举升车辆	5	A	举升步骤规范，操作安全，支承点选择正确						
			B	举升步骤规范，操作安全，支承点选择有 1 处不规范						
			C	举升步骤规范，操作安全，支承点选择有 2 处不规范						
			D	无法举升车辆或操作不安全						
			E	未答题						
2	更换机油滤清器	10	A	操作步骤、方法正确，机油滤清器无损伤，不漏油						
			B	操作步骤、方法有 1 处不规范，机油滤清器无损伤，不漏油						
			C	操作步骤、方法有 2 处不规范，机油滤清器无损伤，不漏油						
			D	不能完成作业						
			E	未答题						

续表

评价要素		配分	等级	评分细则	评定等级 A	B	C	D	E	得分
3	更换发动机机油	10	A	操作步骤、方法正确，机油选用及加注量正确						
			B	操作步骤、方法有一处不规范，机油选用及加注量正确						
			C	操作步骤、方法有两处不规范，或机油选用正确，加注量有偏差						
			D	不能完成作业						
			E	未答题						
合计配分		25		合计得分						

考评员（签名）：

等级	A（优）	B（良）	C（及格）	D（较差）	E（未答题）
比值	1.0	0.8	0.6	0.2	0

“评价要素”得分＝配分×等级比值。

汽车维修工（五级）操作技能鉴定

试　题　单

试题代码：3.1.1。

试题名称：活塞连杆组拆装。

考核时间：15 min。

1. 操作条件

（1）发动机气缸体（曲轴活塞连杆）总成实物台架（乘用车四缸发动机）（发动机活塞连杆组齐全可拆装，其中一组活塞连杆组已卸下且部件完全拆散放置）。

（2）活塞夹固工具、活塞环拆装工具。

（3）扭力扳手（0～100 N·m）、组套工具。

（4）满足本考位考核要求的其他必要配置。

2. 操作内容

（1）检查清洁气缸、活塞连杆组、连杆轴颈、连杆轴瓦（检查活塞环，并按规定错开），识别零部件。

（2）安装活塞连杆组至发动机半总成实物台架，并检查安装情况。

（3）从发动机台架上拆卸活塞连杆组，将端盖、螺母按原位装回连杆。

（4）拆卸分解活塞连杆组后妥善放置。

3. 操作要求

（1）所有操作要求符合规范，操作应采取正确的步骤、方法。

（2）检查并清洁各部件后按标准要求组装，活塞连杆组安装至发动机台架后应转动曲轴检查，确认安装情况，应达到可正常工作状态。

（3）安装完毕经确认后进行拆卸；拆卸活塞连杆组并分解，拆卸后应将端盖、螺母按原位装回连杆，所有拆卸分解部件均妥善放置。

（4）零件拆装、检查时不得损坏，零件不得掉落地上。

（5）操作完毕将设备、工具复位，清洁。

汽车维修工（五级）操作技能鉴定

试题评分表

试题代码：3.1.1。

试题名称：活塞连杆组拆装。

考生姓名：　　　　　　　　准考证号：　　　　　　　　考核时间：15 min

	评价要素	配分	等级	评分细则	评定等级					得分
					A	B	C	D	E	
1	检查清洁气缸、活塞连杆组、连杆轴颈、连杆轴瓦（检查活塞环，并按规定错开），识别零部件	5	A	检查清洁过程和结果正确，正确识别零部件						
			B	检查清洁结果正确，零部件识别正确，过程有反复						
			C	检查清洁过程不规范且遗漏 2 处，零部件识别正确						
			D	检查清洁结果错误或不能识别零部件						
			E	未答题						
2	安装活塞连杆组	10	A	安装结果正确，操作步骤、方法正确，工具使用规范						
			B	安装结果正确，操作过程有反复						
			C	操作过程不规范，但能完成安装，结果正确						
			D	未完成安装或结果错误（装反或漏装，装坏零件，活塞连杆组坠地）						
			E	未答题						

续表

<table>
<tr><th colspan="2" rowspan="2">评价要素</th><th rowspan="2">配分</th><th rowspan="2">等级</th><th rowspan="2">评分细则</th><th colspan="5">评定等级</th><th rowspan="2">得分</th></tr>
<tr><th>A</th><th>B</th><th>C</th><th>D</th><th>E</th></tr>
<tr><td rowspan="5">3</td><td rowspan="5">检查活塞连杆组安装情况，拆卸活塞连杆组并分解，拆卸后应将端盖、螺母按原位装回连杆</td><td rowspan="5">10</td><td>A</td><td>检查和拆卸分解结果正确，操作步骤、方法正确，工具使用规范</td><td rowspan="5"></td><td rowspan="5"></td><td rowspan="5"></td><td rowspan="5"></td><td rowspan="5"></td><td rowspan="5"></td></tr>
<tr><td>B</td><td>检查和拆卸分解结果正确，操作过程有反复</td></tr>
<tr><td>C</td><td>操作过程不规范，但能完成检查和拆卸分解，结果正确</td></tr>
<tr><td>D</td><td>未完成检查和拆卸分解或结果错误（拆坏零件，活塞连杆组坠地）</td></tr>
<tr><td>E</td><td>未答题</td></tr>
<tr><td colspan="2">合计配分</td><td>25</td><td colspan="7">合计得分</td><td></td></tr>
</table>

考评员（签名）：

等级	A（优）	B（良）	C（及格）	D（较差）	E（未答题）
比值	1.0	0.8	0.6	0.2	0

“评价要素”得分＝配分×等级比值。

汽车维修工（五级）操作技能鉴定

试　题　单

试题代码：3.2.1。

试题名称：钳式制动器拆装。

考核时间：15 min。

1. 操作条件

（1）钳式制动器部件总成实物台架（乘用车规格）（部件完整可供拆装，部件已全部拆卸放置）。

（2）钳式制动器活塞回位专用工具。

（3）组套工具。

（4）满足本考位考核要求的其他必要配置。

2. 操作内容

（1）检查钳式制动器各部件。

（2）安装钳式制动器并检查安装情况，认识零部件。

（3）拆卸分解钳式制动器。

3. 操作要求

（1）所有操作要求符合规范，操作应采取正确的步骤、方法。

（2）安装钳式制动器达到标准可工作状态，无部件遗漏。

（3）安装前后须进行检查，要求检查项目齐全。

（4）安装完毕经确认后进行拆卸分解。应使用钳式制动器活塞回位专用工具使制动器活塞回位，注意防止制动总泵内液体溢出；分解要求至最小可独立部件（制动器活塞不要求分解）。

（5）零件拆装、检查时不得损坏，零件不得掉落地上。

（6）操作完毕将设备、工具复位，清洁。

汽车维修工（五级）操作技能鉴定

试题评分表

试题代码：3.2.1。

试题名称：钳式制动器拆装。

考生姓名：　　　　　　　　准考证号：　　　　　　　　考核时间：15 min

<table>
<tr><th colspan="2" rowspan="2">评价要素</th><th rowspan="2">配分</th><th rowspan="2">等级</th><th rowspan="2">评分细则</th><th colspan="5">评定等级</th><th rowspan="2">得分</th></tr>
<tr><th>A</th><th>B</th><th>C</th><th>D</th><th>E</th></tr>
<tr><td rowspan="5">1</td><td rowspan="5">检查零部件技术状况，安装钳式制动器</td><td rowspan="5">10</td><td>A</td><td>检查、安装结果正确，操作步骤、方法正确，工具使用规范</td><td rowspan="5"></td><td rowspan="5"></td><td rowspan="5"></td><td rowspan="5"></td><td rowspan="5"></td><td rowspan="5"></td></tr>
<tr><td>B</td><td>检查、安装结果正确，操作过程有反复</td></tr>
<tr><td>C</td><td>操作过程不规范，但能完成安装，结果正确</td></tr>
<tr><td>D</td><td>未完成安装或结果错误（装反或漏装、装坏零件）</td></tr>
<tr><td>E</td><td>未答题</td></tr>
<tr><td rowspan="5">2</td><td rowspan="5">检查安装情况，识别零部件</td><td rowspan="5">5</td><td>A</td><td>检查过程和结果正确，正确识别零部件</td><td rowspan="5"></td><td rowspan="5"></td><td rowspan="5"></td><td rowspan="5"></td><td rowspan="5"></td><td rowspan="5"></td></tr>
<tr><td>B</td><td>检查结果正确，零部件识别正确，过程有反复</td></tr>
<tr><td>C</td><td>检查过程遗漏2处，零部件识别正确</td></tr>
<tr><td>D</td><td>检查结果不正确或不能识别零部件</td></tr>
<tr><td>E</td><td>未答题</td></tr>
</table>

续表

评价要素		配分	等级	评分细则	评定等级 A	B	C	D	E	得分
3	拆卸分解钳式制动器	10	A	拆卸分解结果正确，操作步骤、方法正确，工具使用规范						
			B	拆卸分解结果正确，操作过程有反复						
			C	操作过程不规范，但能完成拆卸分解，结果正确						
			D	未完成拆卸分解或结果错误（漏拆、拆坏零件）						
			E	未答题						
合计配分		25		合计得分						

考评员（签名）：

等级	A（优）	B（良）	C（及格）	D（较差）	E（未答题）
比值	1.0	0.8	0.6	0.2	0

“评价要素”得分＝配分×等级比值。